*Meinen Schülern und
Schülerinnen gewidmet*

Bibliografische Information der Deutschen Nationalbibliothek:

Die deutsche Nationalbibliothek verzeichnet diese Publikation in der Deutschen Nationalbibliographie; detaillierte bibliografische Daten sind im Internet über https://dnb.de abrufbar:

2. Auflage, Wien © 2021 Dr. Irene Kohlberger

Herstellung und Verlag: BoD – Books on Demand, Norderstedt

ISBN: 978-3-8448-0504-8

COVER - Bildverweis:

Emailbild von Egino G. Weinert, D-50668 Köln – Nachdruck verboten

Irene Kohlberger

Jesus, Lehrer und Meister der Psychologie

Spurensuche nach dem Menschen Jesus im NEUEN TESTAMENT

Worte, die lebendig machen

Inhalt

Einleitung

Wenn das Leben in geordneten Bahnen verläuft, wenn wir einigermaßen jung und gesund sind und im Supermarkt alles bekommen, was wir benötigen, dann brauchen wir eigentlich keinen Gott, kein Christentum und auch keine andere Religion.

Das ist eine ziemlich zynische Auffassung?

Warum? Ist es nicht so?

Ich habe nahezu dreißig Jahre am Gymnasium das Fach, Römisch-Katholische Religion unterrichtet und oft die Erfahrung gemacht, dass es genauso zu laufen scheint: Religion braucht man eher, wenn es einem schlecht geht, wenn zum Beispiel Schularbeiten oder Prüfungen anstehen. Dann wird schnell ein Vaterunser gebetet, wenn dann die Gefahr vorbei ist, lebt man munter weiter, ohne Dankbarkeit und ohne Nachdenken, einfach so, weil es bequem und angenehm ist.

Ist das bei den Erwachsenen anders?

Das wage ich zu bezweifeln. Leben wir heute nicht in einem Geflecht von Ansprüchen, das uns scheinbar keinen Raum für religiöse Gedanken und Gefühle lässt?

Die wirtschaftlichen Interessen, die mittlerweile die ganze Welt in ihren Bann ziehen, benützen uns als eifrige Konsumenten. Den Regierenden sollen wir unser Vertrauen und den Medien unsere Aufmerksamkeit schenken. Im Grunde verlangen alle Institutionen – auch unsere Arbeitgeber – nur einen Teil von uns, aber so, als ob dieser Teil das Ganze wäre.

Kein Wunder, das wir dabei in große Gefahr geraten, uns als Menschen – als ganzes und als lebendiges Individuum - zu verlieren. Da es aber trotz aller Bemühungen von außen nicht gelingt, den einzelnen Menschen *völlig* zu vereinnahmen, hoffe ich, dass es sinnvoll ist, darüber nachzudenken, wie wir in dem Gewirr von Möglichkeiten zu einem christlichen Lebensweg gelangen. Als Wegbeschreibung könnten wir vielleicht das Neue Testament heranziehen und nachlesen, wie Jesus mit seinem Alltag fertig geworden ist.

Beginn der Spurensuche

In den esoterischen Ecken unserer Buchhandlungen – wo es vor allem um das eigene Ich und um Methoden zur Steigerung der Selbstliebe geht – macht die Gestalt Jesu wahrscheinlich keine gute Figur. Hat er sich doch vornehmlich heilend und tröstend den Menschen seiner Umgebung zugewandt und an sich selbst zuletzt gedacht. Zweifellos könnte man ihn bei oberflächlicher Betrachtung in die Kategorie der hypersensiblen „Helfer" einordnen. Doch unterscheidet sich seine Sendung wesentlich von der Helferrolle, die durch karitative Hinwendung zu den Schwächeren und Kranken, letztlich zu einer Aufwertung des eigenen Selbst gelangen will.

Bei den Evangelien handelt es sich grundsätzlich um religionsbegründende Schriften. Die Ereignisse um und mit Jesus sind also bereits aus dem Blickwinkel der Auferstehung gesehen und niedergeschrieben worden. Im Mittelpunkt der überlieferten Texte stehen daher die Ereignisse mit zeichenhaftem Charakter (auch Wunder genannt), die eine belehrende Absicht erkennen lassen und hineinführen in eine andere Wirklichkeit. Dadurch wird der „historische Jesus"[1] in den Mantel der Deutung gehüllt und seine Gestalt der unmittelbaren Begegnung entzogen.

Wir haben aber „nur" die Texte des Neuen Testamentes, die über ihn berichten und daher können wir nur in den Evangelientexten den Konturen des Menschen Jesus nachspüren. Und es lässt sich tatsächlich feststellen, dass in Szenen, in denen Jesus in besonderer Beziehung zu seiner Umgebung steht, seine Gestalt klare und deutliche Formen annehmen kann: wenn er zum Beispiel den blinden Bartimäus nicht übersieht und vorbeigeht, sondern fragt, wie er ihm

---

[1] *Historischer Jesus* ist ein *terminus technicus* in der Literatur, wenn es darum geht, reale Lebenssituationen des Menschen Jesus zu beschreiben und zwar auf der Basis des Neuen Testamentes.

helfen kann; oder wenn er selbstbewusst die negativen Absichten der Pharisäer und Schriftgelehrten durchschaut und durchkreuzt. Oder wie er wieder ein anderes Mal spät abends und todmüde mit den Kindern im Hof zusammensitzt, obwohl seine Jünger meinen, dass es genug sei und er sich endlich ausruhen soll.

In diesen Berichten geht es nicht so sehr um seine Berufung als Lehrer und Gottessohn, sondern um die Art seines „DASEINS" für die Menschen, die schon beim ersten Blick seine hohe *emotionale und soziale Kompetenz beim Bewältigen von Aufgaben, die das Leben stellt,"* erkennen lässt.

Diese wissenschaftliche Formulierung heißt nichts anderes, als dass Jesus vor dem Tribunal der psychologischen Forschung „seelische Gesundheit" attestiert würde.

Dazu wurden auch Merkmale erarbeitet, die in wissenschaftlicher Sprache so beschrieben werden:

Während psychisch kranke Menschen ihre Aufmerksamkeit auf die eigene Person mit all den ungelösten Schwierigkeiten in ihrem Leben konzentrieren, interessieren sich gesunde lebhaft für ihre Umwelt und engagieren sich für gesellschaftliche Aufgaben und Projekte. Sie erweisen sich als leistungsfähiger, aktiver, produktiver und kreativer im Blick auf die Realisierung ihrer Ziele in der Außenwelt. Darüber hinaus verfügen seelisch gesunde Menschen über ein starkes Ich (Entscheidungssystem), das ihnen erlaubt, ihre Ziele und Wünsche zu verwirklichen, weil sie ihre eigenen Fähigkeiten und die Anforderungen aus ihrer Umgebung unvoreingenommen betrachten und daher eher eine Passung zwischen persönlichen Zielen und ausgesuchten Umweltbedingungen erreichen.

Jesus beweist viele Male, dass er nach den Richtlinien der Psychologen als ein Mensch ohne psychische Beeinträchtigung und Verletzungen agiert. Aber eminent wichtig ist, dass er gleichzeitig den körperlichen und emotionalen Ansprüchen, die sich aus seiner Lebensweise ergeben, ebenso unterworfen ist wie wir es wären. So kann er zum Beispiel müde werden – so müde, dass er bei einem Seesturm nicht aufwacht. Auch wird er immer wieder ungeduldig und kann auch zornig werden. Und er hat auch Angst, große und fast unerträgliche Angst, wie wir aus der Passionsgeschichte wissen.

Wenn es aber um seine sozialen Beziehungen geht, dann spüren wir eine liebevolle Konzentration auf die Menschen, um die er sich im Augenblick sorgt. Das gilt für die Schwachen und Benachteiligten ebenso wie für die scheinbar Mächtigen.

Wenn ihm kranke und schwache Menschen begegnen, dann setzt er auch seine außerordentlichen Fähigkeiten ein, um ihnen zu helfen. Umgekehrt scheut er keineswegs Auseinandersetzungen und Diskussionen mit den Männern der Macht, auch wenn sie ihn immer wieder direkt und persönlich bedrohen.

Ganz eins mit seiner Aufgabe, ‚*die verlorenen Schafe Israels zu Gott Vater zurückzuführen*'(Mt 10,6 / Mt 15,24), kämpft er mit den verantwortlichen Männern – den Pharisäern[2] und Schriftgelehrten[3] - um die Anerkennung seiner Sendung.

---

[2] **Die Pharisäer** wollten alle Gesetzesvorschriften gewissenhaft erfüllen, um Gottes Wohlgefallen und Anteil am künftigen Leben und an der kommenden Welt zu erlangen. Sie wollten das ganze Volk nach den Vorschriften, die für die Priester aufgestellt waren, heiligen und so die messianische Zeit schneller herbeiführen. Sie glaubten an die Auferstehung der Toten und die Existenz der Engel. Sie blieben in der Diaspora (Zerstreuung) als *rabbinisches Judentum* die einzige bedeutende überlebende jüdische Strömung.

[3] **Schriftgelehrte** waren Lehrer und Erklärer der Hl. Schriften. Sie nannten sich Rabbi und sammelten Jünger um sich. Ihre Ausbildung bekamen sie durch einen älteren Lehrer in privaten Gesprächen.

Sadduzäer leitet sich vom Haupt der Familie Zadok her, in der das Hohepriestertum erblich war – später eine Gruppe der priesterlichen Aristokratie. Sie anerkannten nur die fünf Bücher Mose, glaubten nicht an die Auferstehung und nicht an Engel. Nach der Katastrophe des Jahres 70. n Chr., als Jerusalem und der Tempel von den Römern zerstört und das jüdische Volk in alle Welt zerstreut wurde (Diaspora), verschwanden die Sadduzäer.

Aus den letzten Kapiteln des Johannesevangeliums geht klar hervor, dass Jesus genau weiß, was die Mitglieder des Hohen Rates mit ihm vorhaben. Er weiß, dass er in Todesgefahr ist – und nimmt diese bewusst auf sich. Zweifellos könnte er sich retten, vielleicht schon dadurch, dass er sich zurückzieht und jede öffentliche Präsenz vermeidet. Aber sein Auftrag schließt das Scheitern seiner Predigt- und Überzeugungsarbeit mit ein. Da er mit seinen Worten und Wundern scheitert, muss er den Weg des Kreuzes gehen, der für ihn mit dem gewaltsamen Sterben zwischen Himmel und Erde endete.

Zweifellos entspricht die freiwillige Hingabe seines Lebens keiner psychologisch erarbeiteten Kompetenz – in diesem Fall „verletzt", besser gesagt, übersteigt Jesus jeden psychologisch begründbaren Verhaltenscodex, der von der Erhaltung des Lebens für das Einzelwesen als höchstem Wert ausgeht.

Doch Jesus ist nicht nur Mensch, sondern gleichzeitig Gott und erfüllt durch seinen Tod einen Auftrag, dessen Geheimnis sich unserer Vernunft entzieht und sich nur dem Glaubenden erschließt.

JESUS ALS JUGENDLICHER

Wenn wir wissen wollen, wie sich Jesus als Jugendlicher fühlte, wie er die Welt erlebte, dann müssen wir traurigen Herzens passen. Bis auf die Szene im Tempel, wo Jesus mit den Schriftgelehrten diskutiert und ganz klar seine Selbständigkeit gegenüber seinen Eltern hervorkehrt, erfahren wir nichts.

Nach drei Tagen fanden sie ihn im Tempel; er saß mitten unter den Lehrern, hörte ihnen zu und stellte Fragen. Alle, die ihn hörten, waren erstaunt über sein Verständnis und seine Antworten. Als seine Eltern ihn sahen, waren sie sehr betroffen, und seine Mutter sagte zu ihm: Kind, wie konntest du uns das antun? Dein Vater und ich haben dich voll Angst gesucht. Da sagte er zu ihnen: Warum habt ihr mich gesucht? Wusstet ihr nicht, dass ich dort sein muss, was meinem Vater gehört? (Lk2,46-49)

Eigentlich eine ziemlich „patzige" Antwort, die er den sorgenvollen Eltern gibt. Wie hat er sich das eigentlich vorgestellt? Sollten die Eltern einfach heimgehen und sich nicht mehr um ihn kümmern und warten bis er, der Zwölfjährige, von sich aus wiederauftaucht? Natürlich könnte man dazu theologische Überlegungen anstellen und erklären, warum der zwölfjährige Jesus so und nicht anders argumentiert.

Aber schimmert in diesem Text nicht auch die tausendfach erlebte Realität durch, dass Erwachsenwerden nicht ohne Kämpfe zu haben ist? Und könnte es nicht sein, dass Jesus in diesem Lebensmuster ebenso drinsteckte wie alle anderen Jugendlichen auch?

Vielleicht wird man einwenden, dass Jesus einen guten Grund hatte, seine Eltern in Angst und Sorge zu versetzen und dass bei unseren Jugendlichen ganz andere Gründe maßgeblich sind. Das liegt auf der Hand. Doch vergessen wir nicht, dass auch unsere jungen Leute *gute Gründe* haben können, sich von uns zu lösen; dass sie während ihrer nächtlichen Sitzungen vielleicht ganz anders unterwegs sind als wir es uns vorstellen. Dass sie vielleicht Antworten auf ihre Fragen woanders suchen und finden wollen als ausschließlich bei uns, die wir allzu oft glauben, alles besser zu wissen.

Dann kehrte er mit ihnen nach Nazareth zurück und war ihnen gehorsam. Seine Mutter bewahrte alles, was geschehen war, in ihrem Herzen. Jesus aber wuchs heran, und seine Weisheit nahm zu, und er fand Gefallen bei Gott und den Menschen. (Lk2,51/52)

Jesus unterwirft sich als Jugendlicher der schwierigen Aufgabe des geistigen Gehorsams, d.h., dass er damit den anstrengenden und mühsamen Weg betritt, der von der kindlichen Ichbezogenheit zur menschlichen Freiheit führt. Kaum andere Begriffe sind in unseren Zeiten so in Misskredit gekommen wie Demut und Gehorsam. Wir sind so gewöhnt, alles und jeden an unserem eigenen Urteil zu messen, dass wir den Wert einer bedingungslos erfüllten Forderung für die Entwicklung unserer Persönlichkeit fast nicht mehr wahrnehmen können.

Jesus ist seinen einfachen Eltern gehorsam. Er fragt nicht, ob sie mehr wissen als er, ob sie immer die richtigen Anordnungen treffen. Er versucht sich in der schwierigen Kunst der Selbstdisziplin, die uns normalerweise sehr viel abverlangt, aber schließlich zur Selbstständigkeit und Freiheit führt.

Dass er zunimmt an Weisheit heißt mit anderen Worten, dass er nicht als menschlich verkleideter Gottessohn geboren wurde, sondern tatsächlich als Mensch, der sich nicht nur körperlich, sondern auch im psychischen Sinn entwickeln muss. „Weisheit" gewinnen wir, wenn unsere natürlichen Wünsche und Sehnsüchte mit den Forderungen unserer Umgebung in Konflikt geraten und es zu einer inneren Bewältigung dieser wiederkehrenden Problematik kommt.

Die Psychologie nennt dieses Phänomen „Erfahrung im eigentlichen Sinn", die als notwendiger Prozess jede menschliche Entwicklung begleitet und sich auch bei Jesus bewahrheitet.

Die Jugendzeit Jesu scheint auch noch ungetrübt von den Auseinandersetzungen, die später um seine Person entstehen werden. Noch lebt er eingehüllt in die Liebe und die Fürsorge seiner Eltern. Die Menschen seiner näheren Umgebung achten und schätzen ihn, weil sie ihn als gehorsamen, rechtschaffenen Sohn und hilfsbereiten jungen Mann vor Augen haben. Noch darf er im Verborgenen leben, einfach nur ein junger Mensch sein, noch ...

Dass es im Tempel vor der versammelten Männerriege ausgerechnet Maria ist, die ihren Sohn zur Rede stellt, verdient auch unsere Beachtung.

Ohne viel nachzudenken über das, was sich in der Öffentlichkeit einer patriarchalischen Gesellschaft gehört, gibt sie ihrer Angst und Verwirrung nach und stellt Jesus zur Rede. Als er ihr und seinem Ziehvater jedoch den Grund für sein Hierbleiben erklärt, reagiert sie vorbildlich: Was bedeutet der Satz: ‚*Seine Mutter bewahrte alles, was geschehen war, in ihrem Herzen,*‘ denn anderes, als dass sie ihm zugehört und sich seine Gründe zu Herzen genommen hat. Sie wehrt nicht ab und ist beleidigt, wie wir das gerne sind, wenn es um die Bedrohung unserer Vorrangstellung geht, sondern überdenkt, was er sagt, um ihn immer besser zu verstehen.

Ungefähr achtzehn Jahre liegen dazwischen, bis Maria in eine ähnliche Situation gerät. In Kana in Galiläa fand eine Hochzeit statt, und die Mutter Jesu war dabei.

Auch Jesus und seine Jünger waren zur Hochzeit eingeladen. Als der Wein ausging, sagte die Mutter Jesu zu ihm: „Sie haben keinen Wein mehr!“ Jesus erwiderte ihr: „Was willst du von mir Frau? Meine Stunde ist noch nicht gekommen!“ Seine Mutter sagte zu den Dienern: „Was er euch sagt, das tut!“ Es standen dort sechs steinerne Wasserkrüge, wie es der Reinigungsvorschrift der Juden entsprach; jeder fasste ungefähr hundert Liter. Jesus sagte zu den Dienern: „Füllt die Krüge mit Wasser!“ Und sie füllten sie bis zum Rand. Er sagte zu ihnen: „Schöpft jetzt und bringt es dem, der für das Festmahl verantwortlich ist!“ Sie brachten es ihm. Er kostete das

Wasser, das zu Wein geworden war. Er wusste nicht, woher der Wein kam; die Diener aber, die das Wasser geschöpft hatten, wussten es. Da ließ er den Bräutigam rufen und sagte zu ihm: „Jeder setzt zuerst den guten Wein vor und erst, wenn die Gäste zu viel getrunken haben, den weniger guten. Du hast den guten Wein bis jetzt zurückgehalten". (Joh 2,1-10)

Diesmal sind Mutter und Sohn auf einer Hochzeit eingeladen. Jesus wird schon von seinen Jüngern begleitet, was bedeutet, dass er schon in seinem Auftrag unterwegs ist und von seiner Mutter und seiner Familie zeitweise getrennt lebt. Dennoch kommt Maria sofort zu ihm, als sie von den Problemen bei der Hochzeitfeier erfährt und teilt ihm mit:

„Sie haben keinen Wein mehr!" (Joh 2,3b)

Darauf sagt Jesus: *„Was willst du von mir Frau? Meine Stunde ist noch nicht gekommen!"*

Aus theologischer Sicht wird hier klar argumentiert. Wieder steht die Gottbezogenheit, die völlige Identität zwischen Jesus und seinem Auftrag im Mittelpunkt. Als er ihre unausgesprochene Bitte zurückweist, reagiert sie aber nicht gekränkt und beleidigt, sondern vertraut auf ihr Gefühl und sagt zu den Dienern:

„Was er euch sagt, das tut!" (Joh 2,5)

Es fehlen Diskussion und Auseinandersetzung. Ganz eingebettet in die patriarchalische Tradition wird ein Standpunkt von männlicher Seite klar gemacht und auf weibliche Art akzeptiert, aber im Namen der Liebe einfach entkräftet. Welches lebendige Miteinander hat die beiden Menschen zu diesem Punkt geführt, wo die Mutter ohne Angst und im vollen Vertrauen ihre Erwartung trotz der momentanen Zurückweisung aufrechterhalten kann und schließlich belohnt wird.

JESUS UNTERWEGS IN SEINEM AUFTRAG

Berufung der Jünger

Während meines Studiums freute ich mich immer, wenn beim Übersetzen der altgriechischen Texte der Satz „ϑεσυζ λεγε ...“ auftauchte, was gleichbedeutend ist mit „Jesus sagte ...“ Warum mich das freute? Weil mit diesem Satz immer wieder Belehrungen und Geschichten eingeleitet werden, wodurch das „ϑεσυζ λεγε ...“ zu einem Lesezeichen wurde, das mich sicher durch den abschnittslosen Originaltext leitete. Dazu Beispiele:

Jesus sagte: Wem soll ist das Reich Gottes ähnlich, womit soll ich es vergleichen? Es ist wie ein Senfkorn, das ein Mann in seinem Garten in die Erde steckte; es wuchs und wurde zu einem Baum und die Vögel des Himmels nisteten in seinen Zweigen. (Lk13,18-19)[4]

Als ich mit der Spurensuche nach dem Menschen Jesus begann, verwandelte sich dieser Satz aber fast in sein Gegenteil, weil er nicht selten zu einem Podest gerät, auf das Jesus gestellt und als Lehrer und Gottmensch fast unberührbar wird.

Die Theologie spricht in diesem Fall von kerygmatischen[5] Texten, die in ihrem Kern auf Belehrung ausgerichtet sind und nicht so sehr auf die Schilderung der sachlichen Realität. Das gilt auch für Erzählungen über die Berufung seiner

---

[4] Oder:

Lk 16, 1-8 Jesus sagte zu seinen Jüngern: Ein Mann hatte einen reichen Verwalter ...

Lk 17, 1-3a Jesus sagte zu seinen Jüngern: Es ist unvermeidlich, dass Verführungen kommen. Aber wehe dem, der sie verschuldet

[5] *Kerygma* – gr: κεριγμα = Verkündigung

Jünger, worin der Evangelist Matthäus ohne weitere Erklärung schreibt:

Als Jesus am See von Galiläa entlangging, sah er zwei Brüder, Simon, genannt Petrus, und seinen Bruder Andreas; sie warfen gerade ihr Netz in den See, denn sie waren Fischer. Da sagt er zu ihnen: Kommt her, folgt mir nach! Ich werde euch zu Menschenfischern machen. Sofort ließen sie ihre Netze liegen und folgten ihm. Als er weiterging, sah er zwei andere Brüder, Jakobus, den Sohn des Zebedäus, und seinen Bruder Johannes; sie waren mit ihrem Vater Zebedäus im Boot und richteten ihre Netze her. Er rief sie, und sogleich verließen sie das Boot und ihren Vater und folgten Jesus. (Mt 4,18ff)

Offensichtlich liegt die Erklärung auf der Hand. Jesus ruft, und seine geistige Macht bewirkt, dass die Männer sofort kommen.

Oder war es doch anders?

Lukas erweist sich in diesem Fall als sorgfältigerer Chronist der Ereignisse. Er schreibt, dass Jesus schon länger im Auftrag seines Vaters unterwegs ist, und sich die Leute um ihn drängen, um ihm zuzuhören.

Ob aus Neugierde, aus wirklichem Interesse? Wir wissen es nicht. Sicher ist nur, dass sie von ihm fasziniert sind und seine Nähe suchen.

Um die Gruppe vor sich zu haben und um besser verstanden zu werden, bittet er Simon, der gerade mit seinen Netzen beschäftigt ist, ihn mit dem Boot aus der unmittelbaren Ufernähe zu rudern.

Jesus steigt in das Boot, das dem Simon gehört, und bittet ihn, ein Stück weit vom Land wegzufahren. Dann setzt er sich und lehrt das Volk vom Boot aus. Als er seine Rede beendet hat, sagt er zu Simon: Fahr hinaus auf den See! Dort werft eure Netze zum Fang aus! Simon antwortet ihm: Meister, wir haben die ganze Nacht gearbeitet und nichts gefangen. Doch wenn du es sagst, werde ich die Netze auswerfen.

Das tun sie, und sie fangen eine so große Menge Fische, dass ihre Netze zu reißen drohen. Deshalb winken sie ihren Gefährten im anderen Boot, sie sollten kommen und ihnen helfen. Sie kommen und gemeinsam füllen sie beide Boote bis zum Rand, so dass sie fast untergehen.

Als Simon Petrus das sah, fiel er Jesus zu Füßen und sagte: Herr, geh' weg von mir; ich bin ein Sünder. Denn er und alle seine Begleiter waren erstaunt und erschrocken, weil sie so viele Fische gefangen hatten; ebenso ging es Jakobus und Johannes, den Söhnen des Zebedäus, die mit Simon zusammenarbeiteten. Da sagte Jesus zu Simon: Fürchte dich nicht! Von jetzt an wirst du Menschen fangen. Und sie zogen die Boote an Land, ließen alles zurück und folgten ihm. (Lk5,3-11)

Wer immer Fischer bei ihrer ernsten und schweren Arbeit beobachtet, der kann sich unschwer vorstellen, dass sich die Brüder nur mit halber Aufmerksamkeit um das Treiben der Leute kümmern, die mit Jesus in Ufernähe auftauchen. Dass ihm Petrus sein Boot zur Verfügung stellt, gebot wahrscheinlich die Höflichkeit und natürliche Hilfsbereitschaft des Fischers. Wie es aber dazu kommt, dass Petrus dem absurden Wunsch von Jesus nachgibt, am Tag, zu einer ungewöhnlichen Zeit nochmals hinaus zu rudern und die Netze auszuwerfen? Das müssen wir der inneren Begegnung dieser beiden Menschen überlassen. Sind es die Worte, die Petrus von Jesus gehört hat, ist es seine Persönlichkeit, seine Ausstrahlung? Wahrscheinlich alles zusammen.

Wieder stehen wir vor einem Geheimnis, das kaum erklärbar, aber innerlich ganz leicht zu erspüren ist.

Petrus tut, was Jesus von ihm verlangt und wird belohnt. Er wird belohnt in einer überwältigenden Weise und begreift, dass die Dinge, deren Zeuge er werden durfte, einer anderen Wirklichkeit angehören und fällt auf die Knie.

Doch dieses *Begreifen* führt uns weit weg vom Menschen Jesus. Zu deutlich erweist sich in diesem Ereignis die göttliche Handschrift. Und dennoch schimmert selbst in diesem

Augenblick der Mensch durch. Jesus tröstet Petrus und sagt zu ihm, er solle sich nicht fürchten. Damit holt er ihn auf den Boden der Realität zurück, die ganz eng mit ihm, dem mitfühlenden Menschen zu tun hat.

Etwas verwirrend ist es schon, wenn man nach den Berufungstexten der Synoptiker[6] den Bericht des Johannesevangeliums zum selben Thema aufschlägt.

In diesem Bericht wird Andreas, der Bruder des Simon, als Jünger des Johannes vorgestellt, der Jesus nachgeht, um zu erfahren, was es mit dem Lamm Gottes auf sich hat, das Johannes der Täufer in ihm sieht.

Als Jesus vorüberging, richtete Johannes seinen Blick auf ihn und sagte: Seht das Lamm Gottes! Die beiden Jünger hörten, was er sagte und folgten Jesus. Jesus aber wandte sich um, und als er sah, dass sie ihm folgten, fragte er sie: Was wollt ihr? Sie sagten zu ihm: Rabbi – das heißt übersetzt: Meister – wo wohnst du? Er antwortete: Kommt und seht! Da gingen sie mit und sahen, wo er wohnte, und blieben jenen Tag bei ihm; es war um die zehnte Stunde. Andreas, der Bruder des Simon Petrus, war einer der beiden, die das Wort des Johannes gehört hatten und Jesus gefolgt waren. Dieser traf zuerst seinen Bruder Simon und sagte zu ihm: Wir haben den Messias gefunden. Messias heißt übersetzt: der Gesalbte. Er führte ihn zu Jesus. Jesus blickte ihn an und sagte: Du bist Simon, der Sohn des Johannes, du sollst Kephas heißen. Kephas bedeutet: Fels. (Joh 1,36-42)

Wie war es nun wirklich? Hat das Johannesevangelium richtig berichtet oder das Lukasevangelium? Worauf kann man sich verlassen, wenn nicht einmal auf die chronologische Abfolge der Ereignisse? Was stimmt jetzt? Zweifellos

---

[6] *Synoptiker* kommt von dem griechischen Wort „*synopein*" und bedeutet zusammenschauen. Die Evangelisten Matthäus, Markus und Lukas nennt man *Synoptiker*, weil sie ähnliche schriftliche Vorlagen verwenden, um ihr Evangelium zu schreiben. Das Johannesevangelium basiert auf anderen Quellen und ist inhaltlich anders aufgebaut.

haben sich über diese Frage schon viele TheologInnen den Kopf zerbrochen und es liegt nicht an uns, diese Ungereimtheiten zu erklären.

Wenn wir den Widerspruch aber einfach stehen lassen und nur das inhaltliche Geschehen betrachten, dann lässt sich allerdings ein Zusammenhang herstellen. In dem einen Fall, in der Berufungsgeschichte am See, findet Jesus die Jünger, im Johannestext lässt er sich finden. Auf dem See überzeugt er sie durch ein offensichtliches Wunder, im Johannestext überzeugt er sie durch seine *Art zu s e i n*. Damit wird die Frage, wie es wirklich war, an den Rand gedrängt und der Blick auf den Menschen Jesus wieder frei.

Vielleicht taucht in uns jetzt der Gedanke auf: die Jünger hatten es damals viel einfacher als wir. Sie sahen die Wunder und konnten daher viel leichter an ihn glauben.

Aber was ist mit uns? Wer überzeugt uns?

Um diese Frage auf ihre Stichhaltigkeit zu prüfen, können wir wieder im Evangelium nachblättern und die Stelle aufsuchen, wo sich Jesus einmal bitter beklagt, dass seine vielen Wunder wirkungslos versandeten und in den Herzen der Menschen kaum Spuren hinterließen.

Dann begann er den Städten, in denen er die meisten Wunder getan hatte, Vorwürfe zu machen, weil sie sich nicht bekehrt hatten: Weh dir Chorazin! Weh dir Betsaida! Wenn einst in Tyrus und Sidon die Wunder geschehen wären, die bei euch geschehen sind – man hätte dort in Sack und Asche Buße getan. Ja, das sage ich euch: Tyrus und Sidon wird es am Tag des Gerichts nicht so schlimm ergehen wie euch. Und du Kafarnaum, meinst du etwa, du wirst zum Himmel erhoben? Nein, in die Unterwelt wirst du hinab geworfen. Wenn in Sodom die Wunder geschehen wären, die bei dir geschehen sind, dann stünde es noch heute. Ja, das sage ich euch: Dem Gebiet von Sodom wird es am Tag des Gerichts nicht so schlimm ergehen wie dir. (Mt11,20-24)

Diese Anklage kommt aus einem leidenschaftlichen Herzen. Wir spüren, wie die Enttäuschung über die Vergeblichkeit seiner Arbeit ihn bitter werden lässt. Wie er die Menschen mit Bildern aus der Vergangenheit konfrontiert, die ihnen allen mehr als geläufig sind. Selbst uns sind noch die Städte Sodom und Gomorrha ein Begriff, die für ihre Verworfenheit dem Untergang geweiht wurden. Ob sie durch ein Erdbeben zerstört wurden oder einem Vulkanausbruch zum Opfer fielen, tut nicht wirklich viel zur Sache.

Auch die Städte Tyrus und Sidon, berüchtigte Hafenstädte, wo der Götzendienst und das Laster blühten, werden von ihm heraufbeschworen, um sie gegenüber der Hartherzigkeit seiner bevorzugten Wirkungsstätten ins Treffen zu führen. Er nimmt den Stolz von Kafarnaum ins Visier und torpediert ihn, ohne Rücksicht auf die Gefahr, in die er sich durch seine Worte begibt.

Immer wieder überrascht uns Jesus durch seinen Mut. Wie ein roter Faden zieht sich diese Haltung durch seine Gespräche und Auseinandersetzungen, wenn er der Anmaßung, der Besserwisserei und der Undankbarkeit begegnet.

Obwohl Jesus die Bewohner von Kafarnaum so massiv angreift, bleibt seine Vorliebe für diese widerspenstige Stadt ungebrochen. Offenbar scheinen hier die Leute mehr aus innerer Schwäche und Gedankenlosigkeit nichts zu begreifen, während er in Nazareth, in seiner Heimatstadt, mit offener Ablehnung fertig werden muss. Wie in einem ganz normalen Familiendrama wird hier offenkundig, wie wenig der eigene Sohn, der Sohn des Zimmermanns, hier Anerkennung findet:

Jesus kam in seine Heimatstadt, und seine Jünger begleiteten ihn. Am Sabbat lehrte er in der Synagoge. Und die vielen Menschen, die ihm zuhörten, staunten und sagten: Woher hat er das alles? Was ist das für eine Weisheit, die ihm gegeben ist! Und was sind das für Wunder, die durch ihn geschehen? Ist das nicht der Zimmermann, der Sohn der Maria und der Bruder von Jakobus, Josef und Judas und Simon? Leben nicht seine Schwestern hier unter uns? Und sie nahmen Anstoß an ihm und lehnten ihn ab. Da sagte Jesus zu ihnen: Nirgends hat ein Prophet so wenig Ansehen, wie in seiner Heimat, bei seinen Verwandten und bei seiner Familie. Und er konnte dort keine Wunder tun; nur einigen Kranken legte er die Hände auf und heilte sie. Und er wunderte sich über ihren Unglauben. (Mk6,1-6a)

Das „Anstoß nehmen" nimmt nach Lukas allerdings sehr massive Formen an. Als Jesus auf das Alte Testament Bezug nimmt und sie daran erinnert, dass der Prophet Elija nur zu einer Witwe in Sarepta[7] gesandt wurde, die er vom Hungertod errettete und nur der Syrer Naaman durch den Propheten Elischa geheilt wurde[8], geschieht es:

Als die Leute, in der Synagoge das hörten, gerieten sie in Wut. Sie sprangen auf und trieben Jesus zur Stadt hinaus; sie brachten ihn an den Abhang des Berges, auf dem ihre Stadt erbaut war und wollten ihn hinabstürzen. Er aber schritt mitten durch die Menge hindurch und ging weg. Er ging hinab nach Kafarnaum, einer Stadt in Galiläa, und lehrte die Menschen am Sabbat. Sie waren alle betroffen von seiner Lehre, denn er redete mit (göttlicher) Vollmacht. (Lk4,28-32)

Die Leute von Nazareth wollen Jesus steinigen, aber er entzieht sich ihnen. Wie es ihm dabei ergangen ist? Wie sich die Ablehnung und Wut der Leute für ihn angefühlt hat, in deren Häuser er als Kind und Jugendlicher aus- und eingegangen ist? Sicher sind einige darunter, die er gernhatte und von denen er Verständnis erwarten konnte, gerade weil sie ihn gut kennen. Doch das Gegenteil ist der Fall. *Nirgends gilt ein Prophet so wenig wie in seiner Heimatstadt,* eine bekannte Tatsache. Doch dadurch wird es für Jesus nicht leichter. Seine Gefühle, seine Erwartungen werden doppelt verletzt, weil er nicht nur als Botschafter seines Vaters abgelehnt wird, sondern auch persönlich, als Mensch. Es ist

---

[7] 1 Kön 17,8-16

[8] 2 Kön 5, 8-19

kein leichter Auftrag für den Menschen Jesus, im Dienst seines Vaters zu wirken und manchmal wird ihm das Herz schwer geworden sein – so wie uns, wenn wir vergeblich versuchen, es allen recht zu machen und trotzdem nur Kopfschütteln und Ablehnung zu spüren bekommen.

Doch zurück zur Berufung der Jünger. Auch dabei war Jesus nicht immer so erfolgreich, wie es vielleicht am Beginn seiner Missionstätigkeit den Anschein hatte.

So berichtet uns Markus:

Als sich Jesus wieder auf den Weg machte, lief ein Mann auf ihn zu, fiel vor ihm auf die Knie und fragte ihn: Guter Meister, was muss ich tun, um das ewige Leben zu gewinnen? Jesus antwortete: Warum nennst du mich gut? Niemand ist gut außer Gott, dem Einen. Du kennst doch die Gebote: Du sollst nicht töten, du sollst die Ehe nicht brechen, du sollst nicht stehlen, du sollst keinen Raub begehen; ehre deinen Vater und deine Mutter! Er erwiderte ihm: Meister, alle diese Gebote habe ich von Jugend an befolgt. Da sah ihn Jesus an, und weil er ihn liebte, sagte er: Eines fehlt dir noch: Geh, verkaufe alles was du hast, gib das Geld den Armen, und du wirst einen bleibenden Schatz im Himmel haben; dann komme und folge mir nach! Der Mann aber war betrübt, als er das hörte, und ging traurig weg; denn er hatte ein großes Vermögen. Da sah Jesus seine Jünger an und sagte zu ihnen: Wie schwer ist es für Menschen, die viel besitzen, in das Reich Gottes zu kommen! Die Jünger waren über seine Worte bestürzt. Jesus aber sagte noch einmal zu ihnen: Meine Kinder, wie schwer ist es, in das Reich Gottes zu kommen! Eher geht ein Kamel durch ein Nadelöhr, als dass ein Reicher in das Reich Gottes gelangt. Sie aber erschraken noch mehr und sagten zueinander: Wer kann dann noch gerettet werden? Jesus sah sie an und sagte: Für Menschen ist das unmöglich, aber nicht für Gott; denn für Gott ist alles möglich. (Mk 10,17-27)

Mit Leidenschaft wirft sich der junge Mann vor Jesus nieder und will einen Rat, ein Rezept, wie er das ewige Leben gewinnen kann. Wahrscheinlich hat er schon viel von Jesus gehört und betrachtet ihn als „*Guru*" für Himmelsfragen. Jesus aber gibt diesem Ansinnen nicht nach. Zuallererst steigt er bewusst vom Podest, auf das ihn der Mann gestellt hat und weist den Anspruch zurück, dass er gut sei.

... *niemand ist gut, außer Gott, dem Einen.*

Vielleicht scheint es uns ein bisschen merkwürdig, dass sich Jesus hier so deutlich distanziert, wenn später im Johannesevangelium ganz klar herausgearbeitet wird, dass er mit Gott, dem Vater in einer ganz besonderen Weise verbunden ist. Doch dürfen wir nicht vergessen, dass die klaren Worte, die er später über seine Beziehung zum Vater spricht, an den innersten Kreis seiner Jünger gerichtet sind. Zwar werden auch sie kaum verstanden haben, was er mit Worten, wie:

Alle sollen eins sein: Wie du, Vater, in mir bist und ich in dir bin, sollen auch sie in uns sein, damit die Welt glaubt, dass du mich gesandt hast ... (Joh17,21)

wirklich gemeint hat. Doch haben sie so wie seine Mutter Maria gelernt, zuzuhören und seine Worte ernst zu nehmen.

Dann verweist Jesus den Mann auf die Gebote, die jedem Kind bekannt sind, lässt sich also auf dessen Spielregeln nicht ein und gibt seiner Forderung nach einem heldenhaften und besonderen Heilsweg nicht nach. Als der Jüngling erwidert, dass er diese Gebote schon von Kindheit an beachte und noch immer die Augen erwartungsvoll auf ihn richtet, wird Jesus weich ...

Da sah Jesus ihn an, und weil er ihn liebte, sagte er: Eines fehlt dir noch: Geh, verkaufe, was du hast, gib das Geld den Armen, und du wirst einen bleibenden Schatz im Himmel haben; dann komm und folge mir nach!

Doch damit hat der junge Mann nicht gerechnet. Diese Forderung scheint ihm zu rau und hart. Das würde bedeuten, sein ganzes Leben auf den Kopf zu stellen, und dazu ist er nicht bereit. Das Spiel ist zu mühsam, weil es kein Spiel, sondern bitterer Ernst zu werden droht ...

Der Mann aber war betrübt, als er das hörte, und ging traurig weg.

Jesus liebt ihn, wie wir bei Lukas lesen und will ihn um sich haben. Doch der junge Mann verweigert sich. Wie sich diese Verweigerung für Jesus angefühlt hat, darüber wird nicht berichtet.

Wie wir aus eigener Erfahrung wissen, versuchen wir unsere verletzten Gefühle oft genug zu maskieren, indem wir ablenken und ungefährlich scheinende Themen vorschieben. Da Jesus aber oft beweist, dass er sich nicht scheut, seinen Gefühlen Ausdruck zu geben, dürfen wir annehmen, dass er im Augenblick mehr mit den Ursachen kämpft, die den jungen Mann von ihm weggetrieben haben, als mit seiner persönlichen Enttäuschung.

Wenn für Jesus im Neuen Testament überhaupt ein Lieblingsthema ausfindig gemacht werden kann, dann ist es die Gefahr des Reichtums, des materiellen Besitzes. Immer wieder kommt Jesus darauf zurück. Ein Thema, das zweifellos eminent wichtig ist, aber allzu gern verniedlicht und relativiert wird. Wir kennen die Stelle mit dem Nadelöhr und dem Kamel – die oben zitiert wurde – aber wie alles, was uns gut bekannt und unangenehm ist, haben wir dieses Wissen längst in eine Schublade gepackt mit dem Titel: *Eigentlich gilt das nicht für mich!*

Für die Apostel, die von dieser Gefahr das erste Mal hören, ist es allerdings bestürzend. Wer, fragen sie sich, kann dann noch gerettet werden? Sie wissen genauso gut wie wir, dass die Neigung, materielle Werte anzusammeln als natürliches Grundbedürfnis zum Menschen dazugehört. Weil wir unsere Existenz sichern wollen und dazu finanzielle Mittel brauchen, denken wir, je mehr desto besser. Doch Jesus spürt ihre Angst und tröstet sie, indem er sie von dieser Überforderung losspricht: *Für den Menschen ist das unmöglich, aber nicht für Gott; denn für Gott ist alles möglich. (Lk10,27)*

Die Barmherzigkeit Gottes ist so überwältigend, dass wir alles von ihm erwarten dürfen, auch die Rettung aus unseren ungerechten Besitzverhältnissen. Wir müssen nur vertrauensvoll immer wieder darum bitten.

Als Petrus, noch ganz unter dem Eindruck des Gesagten, Jesus fragt, was denn mit ihnen sein wird, die sie ja alles verlassen haben, geht Jesus noch einen Schritt weiter und verspricht ihm und uns das Hundertfache des verlassenen Besitzes und das ewige Leben, wenn wir uns ihm und dem Evangelium anvertrauen. Sehr klare Worte zu einem verdrängten Thema. Doch Verstehen und Begreifen ist eine Sache, danach handeln eine andere.

Zum Thema Nachfolge gibt es noch eine kleine Geschichte, die wir vielleicht noch aus der Volksschule kennen. Es geht um den blinden Bettler Bartimäus.

Er, der blinde Bettler und Jesus begegnen sich in der Nähe von Jericho. Jesus, in eine Menschenmenge eingezwängt, hört den Blinden rufen. Bartimäus nennt Jesus Sohn Davids und bittet ihn um Erbarmen. Jesus bleibt stehen und fragt ihn, was er von ihm wolle.

Der Blinde antwortete: Rabbuni, ich möchte wieder sehen können! Da sagte Jesus zu ihm: Geh' dein Glaube hat dir geholfen. Im gleichen Augenblick konnte er wieder sehen, und er folgte Jesus auf seinem Weg. (Mk10,51b-52)

In diesem Textabschnitt steht Jesus wieder als der mächtige Wundertäter vor uns. Völlig eingebunden in seine Rolle als Lehrer und Helfer der Menschen. Doch so ganz am Rande glitzert es wieder. Warum folgt ihm Bartimäus? Warum gerade er? Jesus hat viele geheilt und die Menschen zurückgelassen, bereit für neue Aufgaben in ihrem Alltagsleben. Was hat Bartimäus bewogen, Jesus zu folgen? Nur Dankbarkeit oder etwas anderes? Hat es mit Jesus zu tun, von dem er glaubt, dass er der Messias ist?

Der Titel „*Sohn Davids*", mit dem er ihn angeredet hat, ließe den Schluss zu ...[9] Oder ist er von Jesus als Mensch berührt? Wir wissen es nicht, können nichts dazu sagen, nur spüren ...

---

[9] Jes 9,1-6

Jesus, der heilende Lehrer

Ein wesentlicher Teil seiner irdischen Aufgabe, zu der er später auch seine Jünger heranzieht, besteht darin, Menschen von ihren Krankheiten zu befreien. Krankheiten sind, wie wir heute begreifen, nicht selten Auswirkungen von tiefen liegenden Widersprüchen in unserer Psyche. Diese „neue" Erkenntnis ist uralt und nur sehr schwer zu akzeptieren. Besonders in einer Zeit, in der wir gewohnt sind, alles und jedes auf physikalische, chemische, bzw. auf materielle Ursachen zurückzuführen[10].

Allerdings scheint die vordergründige Erklärung, die zur Zeit Jesu üblich war, dass Krankheit die Folge geheimer Sünden wäre[11], ebenso fragwürdig. Krankheit gehört zum Menschen, und auch Jesus geht nicht durch die Lande, um alle Kranken zu heilen. Im Gegenteil! Man könnte ihm sogar den Vorwurf machen, dass er seine Wundermacht nur ganz gezielt einsetzt, obwohl zweifellos ein größerer Menschenkreis seine heilende Zuwendung erlebte, als es nach oberflächlicher Betrachtung der Evangelien erscheinen mag. Immer wieder finden wir den Satz:

und man brachte die Kranken zu ihm und er heilte viele ...[12]

---

[10] Vgl. DETLEVSEN Thorwald: **Krankheit als Weg**

Obwohl diese Ursachen sicher ausschlaggebend sind, wenn ein Mensch krank wird, bleibt dennoch die Frage offen, warum der eine in einer bestimmten Situation erkrankt, während andere in derselben Umgebung gesund bleiben. Offensichtlich ist es eine Schwäche des Organismus, die für bestimmte Krankheiten ideale Bedingungen schafft. Detlevsen meint dazu, dass die Störung der körperlichen Harmonie durch psychische Probleme erfolgt, die sich ihren körperlichen Ausdruck suchen.

[11] Unterwegs sah Jesus einen Mann, der seit seiner Geburt blind war. Da fragten ihn seine Jünger: Rabbi, wer hat gesündigt? Er selbst? Oder haben seine Eltern gesündigt, so dass er blind geboren wurde? Jesus antwortete: Weder er noch seine Eltern haben gesündigt, sondern das Wirken Gottes soll an ihm offenbar werden. Joh 9,1-3

[12] Mt 8,16; Mt9,35; Mt12,15; Mt13,58; Mt14,43-36; Mt15,30

Doch ließe sich der Hinweis, *und er heilte viele*, auch dahingehend deuten, dass Jesus kein „Gießkannenheiler" ist. Er tastet die Freiheit des Menschen niemals an, die Freiheit des Geschöpfes, die in den Augen Gottes so schwer wiegt, dass er seinen Sohn dafür in die Welt gesandt hat. Auch kranke Menschen müssen ernst genommen werden. Auch sie müssen bereit sein, mit ihrem Willen die Krankheit zu überwinden, das Leben zu wählen, anstelle des Siechtums oder den Tod.

Was ist dann aber mit Lazarus oder dem Jüngling von Nain? Oder dem Knecht des Hauptmanns von Karfarnaum?

Die Toten können doch nicht gefragt werden? Will Lazarus oder der Jüngling von Nain tatsächlich wieder ins irdische Leben zurückkehren?

Wenn wir die Erweckung des Jünglings von Nain hernehmen, dann lesen wir Folgendes:

Einige Zeit später ging er in eine Stadt namens Nain; seine Jünger und eine große Menschenmenge folgten ihm. Als er in die Nähe des Stadttors kam, trug man gerade einen Toten heraus. Es war der einzige Sohn seiner Mutter, einer Witwe. Und viele Leute aus der Stadt begleiteten sie. Als der Herr die Frau sah, hatte er Mitleid mit ihr und sagte zu ihr: Weine nicht! Dann ging er zu der Bahre hin und fasste sie an. Die Träger blieben stehen, und er sagte: ich befehle dir, junger Mann: Steh auf! Da richtete sich der Tote auf und begann zu sprechen, und Jesus gab ihn seiner Mutter zurück. (Lk 7,11-15)

Auf den ersten Blick handelt Jesus in dieser Erzählung aus eigener Machtvollkommenheit. Er fragt weder den Jüngling noch seine Mutter, ob er den Toten ins irdische Leben zurückholen darf. Er befiehlt ihm einfach aufzustehen, und es geschieht. Wo ist also des Jünglings Freiheit geblieben? Wir könnten jetzt einwenden, dass er zu sprechen anfängt und sich offensichtlich über sein neu gewonnenes Erdendasein nicht beschwert. Doch diese Erklärung greift zu kurz. Es gilt daher zu überlegen, was über die Freiheit des Menschen zu stellen wäre. Wenn wir den Text nochmals durchgehen, dann lesen wir, dass Jesus Mitleid mit der Mutter hat. Dass eine Mutter schwer zu tragen hat, wenn ihr ein Kind entrissen wird, versteht sich von selbst. Und dass eine kinderlose Witwe zurzeit Jesu doppelt leidet, weil sie einem ungewissen und schweren Schicksal im Alter entgegengeht, das ist Jesus und seiner Umgebung ebenso klar. Seine und unsere natürliche Reaktion wären Mitgefühl und der berechtigte Wunsch, dass der Jüngling seine Kraft und sein Leben der Mutter zuliebe zurückgewinnen möge. Im Gegensatz zu uns besitzt Jesus die Macht, diesen Wunsch zu erfüllen, und er setzt sie ein.

Er holt den Jüngling ins Leben zurück und übergibt ihn wieder seiner Verantwortung, die Jesus im Namen der Liebe über seine persönliche Freiheit stellt. Zweifellos ist es schwer zu begreifen, wenn wir nur den Gesetzen des logischen Denkens verpflichtet sind. Wenn wir uns aber die Mühe machen, Freiheit und Liebe auf einer Ebene zu *denken*, dann können wir vielleicht verstehen, warum Jesus so und nicht anders handeln konnte.

Freiheit wird heute vielfach verstanden als *Freiheit von …* Freiheit von Zwängen, Einschränkungen und anderes mehr. In diesem Fall steht das eigene Wohl im Mittelpunkt, das von anderen nicht beeinträchtigt werden darf. Wenn wir aber lieben, verwandelt sich die *Freiheit von* – die nur auf uns selbst bezogen ist – in eine *Freiheit zu*. Liebe setzt Freiheit voraus und umgekehrt. Ein wahrhaft liebender Mensch will den anderen nicht abhängig machen, nicht binden, nicht für sich haben. Er gesteht ihm den höchsten Grad von Freiheit zu, der darin besteht, ihn so sein zu lassen wie es für ihn am besten ist. Jesus holt den Jüngling zurück und übergibt ihn damit seiner in der *Liebe begründeten* Verantwortung.

Ähnliches lässt sich auch über die Auferweckung eines Mädchens sagen, der einzigen Tochter des Vorstehers einer Synagoge.

Als Jesus (ans andere Ufer) zurückkam, empfingen ihn viele Menschen; sie hatten schon auf ihn gewartet. Da kam ein Mann namens Jairus, der Synagogenvorsteher war, und fiel Jesus zu Füßen und bat ihn, in sein Haus zu kommen. Denn sein einziges Kind, ein Mädchen von zwölf Jahren, lag im Sterben. Während Jesus noch redete, kam einer, der zum Haus des Synagogenvorstehers gehörte, und sagte (zu Jairus): „Deine Tochter ist gestorben. Bemüh den Meister nicht länger!" Jesus hörte es und sagte zu Jairus: Sei ohne Furcht; glaub nur, dann wird sie gerettet. Als er in das Haus ging, ließ er niemand mit hinein außer Petrus, Johannes und Jakobus und die Eltern des Mädchens. Alle Leute weinten und klagten über ihren Tod. Jesus aber sagte: Weint nicht! Sie ist nicht gestorben, sie schläft nur. Da lachten sie ihn aus, weil sie wussten, dass sie tot war. Er aber fasste sie an der Hand und rief: Talita kum! Mädchen steh auf! Da kehrte das Leben in sie zurück, und sie stand sofort auf. Und er sagte, man soll ihr etwas zu essen geben. Ihre Eltern waren außer sich. Doch Jesus verbot ihnen irgendjemand zu erzählen, was geschehen war. (Lk8, 40-42;49-56)

Obwohl das Mädchen schon gestorben ist und es nach menschlichem Ermessen nicht mehr gerettet werden kann, bleibt Jesus ganz ruhig und lässt die Nervosität und Aufregung, die ihn von allen Seiten umgibt, von sich abgleiten. Er fordert nur den Vater auf, an seinem Glauben festzuhalten, um das Mädchen zu retten. Wieder ist es die Liebe, die siegreich bleibt. Der Vater vertraut ihm, und das Mädchen wird ihm zurückgegeben.

Wenn man sich der Stimmung dieses Textes überlässt, dann spürt man, dass Jesus in diesem Fall sehr behutsam vorgeht und die kleine Familie vor den Folgen des außergewöhnlichen Ereignisses zu schützen versucht. Schon im Augenblick, als er das Haus betritt, versucht er seine „Arbeit" herunterzuspielen, indem er die Leute auffordert, ihr Klagen und Weinen einzustellen, weil das Mädchen nur schliefe. Damit kommt er aber bei den „Fachleuten der Realität" an die falsche Adresse. Was will er, der überspannte junge Mann? Will er ihnen vielleicht weismachen, dass das Mädchen noch lebt? Da lachen sie ihn aus, weil sie wissen, dass sie tot ist. Sie lachen ihn einfach aus. Einfach so, weil er einen offensichtlichen Unsinn daherredet. Wie er sich dabei fühlt? Ob er verärgert ist? Wir wissen es nicht. Doch die Tatsache, dass er nur die Eltern des Mädchens und seine Lieblingsjünger in das Sterbezimmer des Kindes mitnimmt, lässt vermuten, dass er sich der Menge der Realisten „draußen" zu entziehen sucht. Zu intim und fast zärtlich ist das, was sich in dem Zimmer abspielen wird.

Talita kum!

Sogar die aramäischen Worte, die Jesus wahrscheinlich wirklich gesagt hat, sind uns überliefert, ebenso wie die einfache Art und Weise, wie er die Eltern auf den Boden des gewöhnlichen Lebens zurückholt, indem er sie auffordert, dem Mädchen etwas zu essen zu geben. Dass ihnen Jesus verbietet, irgendjemandem zu erzählen, was geschehen ist, erscheint auf den ersten Blick ziemlich sinnlos, da kaum anzunehmen ist, dass die Leute von vorher an dem Schicksal des Mädchens jetzt nicht mehr interessiert wären. Im Gegenteil, jetzt erst recht möchten alle wissen, was passiert ist. Und dennoch spricht er es aus! Warum? Vielleicht um sich selbst oder die Eltern zu schützen?

Obwohl er immer wieder die Geheimhaltung seiner Wunder einfordert[13], scheint es in diesem Fall nicht primär um ihn

---

[13] Jesus aber sagte zu ihm (dem Aussätzigen, den er geheilt hatte): Nimm dich in Acht! Erzähle niemand davon, sondern geh, zeig dich dem Priester (der als Gesundheitsbehörde dessen Heilung bestätigen musste) und bring das Opfer dar, das Mose angeordnet hat. Das soll für sie ein Beweis (deiner Heilung) sein. Mt 8,1-4

Jesus verbot ihnen, jemand davon (der Heilung eines Taubstummen) zu erzählen. Doch je mehr er es ihnen verbot, desto mehr machten sie es bekannt. Er hat alles gut gemacht; er macht, dass die Tauben hören und die Stummen reden. Mk 7,31-32

selbst zu gehen. Wenn er sonst die Geheimhaltung seiner Heilungskraft einfordert, versucht er vor allem dem Missbrauch seiner Person als „*Wunderrabbi*" zu verhindern, um den Ernst seiner Sendung zu wahren. Jetzt spricht er das Verbot aber eher zum Schutz der überforderten Eltern aus. Wenn aus ihnen nichts herauszubringen ist, würde man sie vermutlich in Ruhe lassen, auch dann, wenn Jesus nicht mehr bei ihnen ist, um sie zu schützen.

Noch schwieriger wird es, wenn wir uns die Geschichte um Lazarus' Tod genauer anschauen. In diesem Fall sind menschliche Gefühle und göttliche Absichten so ineinander verwoben, dass man fast den Mut verlieren könnte weiterzumachen.

Beginnen wir mit dem Text, wo Lazarus bereits so krank ist, dass seine Schwestern nach Jesus schicken.

Ein Mann war krank, Lazarus aus Betanien, dem Dorf, in dem Maria und ihre Schwester Marta wohnten. Maria ist die, die den Herrn mit Öl gesalbt und seine Füße mit ihrem Haar abgetrocknet hat; deren Bruder Lazarus war krank. Daher sandten die Schwestern Jesus die Nachricht: Herr dein Freund ist krank. Als Jesus das hörte, sagte er: Diese Krankheit wird nicht zum Tod führen, sondern dient zur Verherrlichung Gottes: Durch sie soll der Sohn Gottes verherrlicht werden. Denn Jesus liebte Marta, ihre Schwester und Lazarus. Als er hörte, dass Lazarus krank war, blieb er noch zwei Tage an dem Ort, wo er sich aufhielt. (Joh 11,1-6)

Die Einführung zum folgenden Geschehen geschieht hier sehr genau und detailreich. Es wird über seine besondere Beziehung zu den Geschwistern berichtet. Es wird mitgeteilt, dass Jesus die drei liebt. Das heißt mit anderen Worten, dass Jesus nicht allen Menschen gleich intensiv zugewandt ist. Auch er ist Gefühlen unterworfen; auch er, obwohl er von Rechts wegen, als Gottessohn, darüber erhaben sein müsste! Oder doch nicht?

Dann sagte er zu ihnen: Lazarus, unser Freund schläft; aber ich gehe hin, um ihn aufzuwecken. Da sagten die

Jünger zu ihm: Herr, wenn er schläft, dann wird er wie-
der gesundwerden. Jesus hatte aber von seinem Tod ge-
sprochen, während sie meinten, er spreche von gewöhnli-
chem Schlaf. Darauf sagte ihnen Jesus unverhüllt: La-
zarus ist gestorben. Und ich freue mich für euch, dass ich
nicht dort war; denn ich will, dass ihr glaubt. Doch wir
wollen zu ihm gehen. Da sagte Thomas, genannt Didy-
mus zu den anderen Jüngern: Dann lasst uns mit ihm
gehen, um mit ihm zu sterben. (Joh11,11-16)

Als Jesus ankam, fand er Lazarus schon vier Tage im
Grab liegen. Betanien war nahe bei Jerusalem, etwa
fünfzehn Stadien entfernt. Viele Juden waren zu Marta
und Maria gekommen, um sie wegen ihres Bruders zu
trösten.

Als Marta hörte, dass Jesus komme, ging sie ihm entge-
gen, Maria aber blieb im Haus. Marta sagte zu Jesus:
Herr, wärest du hier gewesen, dann wäre mein Bruder
nicht gestorben. Aber auch jetzt weiß ich: Alles, worum
du Gott bittest, wird Gott dir geben. Jesus sagte zu ihr:
Dein Bruder wird auferstehen. Marta sagte zu ihm: Ich
weiß, dass er auferstehen wird bei der Auferstehung am
Letzten Tag. (Joh11,17-24)

Marta geht Jesus entgegen. Wir kennen Marta schon von
einer anderen Begegnung mit ihm. Damals hat sie sich bei
Jesus über ihre Schwester Maria beklagt, weil sich diese
einfach zu seinen Füssen gesetzt hat und sie bei ihren Arbeiten allein gelassen hat. Die Antwort von Jesus war klar
und eindeutig:

Marta, Marta, du machst dir viele Sorgen und Mühen.
Aber nur eines ist notwendig. Maria hat das Bessere ge-
wählt, das soll ihr nicht genommen werden.
(Lk10,41/42)

Nach heutigem Sprachgebrauch würden wir sagen, Marta
hat sich um den Gast gekümmert, während Maria einfach
seine Nähe genossen hat und das Drumherum ihrer Schwester überlassen hat.

Dieses Thema steht sehr oft im Mittelpunkt theologischer Interpretationen. Schon seit alters her sieht man in Marta das aktive Tun und in Maria das kontemplative Leben gespiegelt. Der Begriff kontemplativ umfasst alles, was mit unserer Beziehung zu Gott zu tun hat. Vom einfachsten Aufblicken zu Gott, über die Feier der Heiligen Messe, bis hin zu den innigen Gotteserfahrungen, von denen uns die Heiligen in ihren Schriften berichten. Marta symbolisiert demnach die irdischen Sorgen um das tägliche Leben, die gesellschaftlichen Verpflichtungen, während man in Maria das gottbezogene Leben gespiegelt sieht.

Diese „hohe Deutung", wird durch die Antwort Jesu nahegelegt, weil er tatsächlich sagt – und hier mag die deutsche Übersetzung wirklich gelten:

... nur eines ist notwendig. Maria hat das Bessere erwählt.

„Not – wendend" ist nur eines und dieses EINE ist und bleibt unsere Sehnsucht, unser Streben nach Unendlichkeit, nach Gott. Zu IHM, DER UNSERE SEELE LIEBT, sollen wir uns aufmachen, uns zu SEINEN FÜSSEN setzen, um von IHM beraten, unseren Lebensweg zu gehen.

Die Arbeit von Marta wird von Jesus nicht abgewertet. Es geht nicht darum, die Sorge um unsere Familien, um unsere Mitmenschen, ja, selbst um unser Bedürfnis nach Anerkennung und Liebe, gering zu schätzen. Sondern es geht um das allumfassende EINE, von dem wir ausgehen und dem wir verbunden sind, auch wenn wir uns dessen nicht bewusst sind.

Wenn wir uns von diesen Überlegungen abwenden und uns wieder auf die Art und Weise konzentrieren, wie Jesus auf die Klagen von Marta reagiert, dann begegnet er uns als Mann mit einem feinen psychologischen Gespür. Zwar korrigiert er die Art, wie Marta ihre gegenwärtige Lebenswirklichkeit beurteilt, nimmt sie aber als Person ernst. Damit signalisiert er, dass er ihr Maria nicht vorzieht, sondern nur die Art, wie diese im Leben steht.

Die Frage, warum es Marta ist, die Jesus entgegengeht und nicht Maria, der Jesus doch innerlich mehr verbunden scheint, lässt sich vielleicht so beantworten, dass die lebenspraktische Schwester nach dem Tode des Bruders die Verantwortung für die Familie übernommen hat. Sie spürt, dass nur Jesus ihren Bruder hätte retten können. Als sie hört, dass er kommt, läuft sie ihm entgegen, und wirft ihm vor, dass er nicht da war, als ihr Bruder noch zu retten war. Gleichzeitig ist sie sich aber bewusst, dass es nicht angeht, von Jesus die Rettung ihres Bruders einzufordern und sie fügt abschwächend hinzu:

Aber auch jetzt weiß ich: Alles worum du Gott bittest, wird Gott dir geben.

Zwei dürftige Sätze. Und dennoch spiegelt sich in ihnen der verzweifelte Versuch eines Herzens wider, das angesichts des Todes, des endgültigen Verlustes eines geliebten Menschen, von Gott Hilfe erwartet und sich doch ins Unvermeidliche fügen muss.

Im darauffolgenden Gespräch zwischen Jesus und Marta wird deutlich, dass sie ihre Ergebenheit ernst meint. Als Jesus von der Auferstehung ihres Bruders spricht, antwortet sie, wie sie es gelernt hat:

Ich weiß, dass er auferstehen wird bei der Auferstehung am Letzten Tag.

Doch Jesus führt sie weiter in der unverhüllten Sprache seiner Sendung:

Ich bin die Auferstehung und das Leben. Wer an mich glaubt, wird leben, auch wenn er stirbt, und jeder, der lebt und an mich glaubt, wird ewig nicht sterben. Glaubst du das?

Auf diese Frage, die alles Wissen relativiert, antwortet ihm Marta:

Ja, Herr, ich glaube, dass du der Messias bist, der Sohn Gottes, der in die Welt kommen soll.

Ob Jesus in dieser verdichteten Art zu Marta gesprochen hat? Wahrscheinlich nicht. Doch innerlich wird dieser Dialog so zu begreifen sein: Marta vertraut ihm als dem Retter, der einer anderen Welt angehört, und dieses Vertrauen ist Frucht ihrer Demut. Sie versteht nicht, warum Jesus nicht da war, als ihr Bruder noch zu retten war. Aber sie spürt, dass Jesus wirklich der ist, der in geheimnisvoller Weise für uns Leben und Auferstehung bereithält. Als Marta Maria heimlich davon benachrichtigt, dass der Meister da sei und sie rufen lässt, steht diese sofort auf und geht Jesus entgegen. Und Maria fällt Jesus zu Füßen und sagt dieselben Worte wie Marta. Doch diesmal hat derselbe Vorwurf eine andere Färbung. Kein gelehrtes Gespräch wird geführt, sondern:

Als Jesus sah, wie sie weinte und wie auch die Juden weinten, die mit ihr mitgekommen waren, war er im Innersten erregt und erschüttert. Er sagte: Wo habt ihr ihn bestattet? Sie antworteten ihm: Herr, komm und sieh! Da weinte Jesus. Die Juden sagten: Seht, wie lieb er ihn hatte! Einige aber sagten: Wenn er dem Blinden die Augen geöffnet hat, hätte er dann nicht auch verhindern können, dass dieser hier starb? Da wurde Jesus wiederum innerlich erregt, und er ging zum Grab. Es war eine Höhle, die mit einem Stein verschlossen war. (Joh 11,33-38)

Oft und oft habe ich gemeinsam mit meinen Schülern überlegt, warum Jesus am Grab seines Freundes weint, obwohl er weiß, dass der tote Freund in wenigen Minuten wieder leben wird! Das ist doch seltsam oder doch nicht?

Wenn wir davon ausgehen, dass Jesus als abgehobener Übermensch durch die Lande zieht, dann mag es seltsam sein. Wenn wir aber davon ausgehen, dass Jesus wirklich einer von uns war, genauso eingebunden in die Schwächen unserer Natur, bestimmt von Gefühlen, die in uns einfach entstehen und uns umwerfen können, ob wir wollen oder nicht, dann wird das Ganze plötzlich durchsichtig. Maria in ihrem offenen Schmerz reißt ihn mit, und er selbst fühlt plötzlich den Verlust so wie die Anderen, die um ihren toten

Freund weinen. Er verlangt zum Grab geführt zu werden. Dort angekommen, kann er sich nicht mehr halten und beginnt zu weinen. Jesus steht vor uns: hingegeben an seinen Schmerz und tröstet uns damit. Was immer uns im Leben widerfährt, weinen dürfen wir immer. Weinen ist nicht Schwäche, sondern Ausdruck unserer tiefsten Gefühle ... Die Juden sagten: Seht, wie lieb er ihn hatte!

So sehen es selbst die Umstehenden, von denen einige im nächsten Augenblick ihn offen ihre anmaßende Haltung spüren lassen, indem sie von dem bekannten Wundertäter die Rettung des kranken Lazarus geradezu einfordern. Jesus unterdrückt in diesem Moment seine aufkeimende Wut, oder wie sollte man die *innere Erschütterung* sonst interpretieren, die ihn daraufhin ergreift? Doch er beherrscht sich, geht näher zum Grab und verlangt, dass man den Stein wegnimmt. Wieder ist es die umsichtige Marta, die Realistin, die ihm jetzt in die Quere kommt und ihn darauf aufmerksam macht, dass Lazarus schon vor vier Tagen begraben wurde und sein Körper bereits in Verwesung begriffen sei. Wieder wird seine Geduld strapaziert, doch er schmettert Marta nicht wortlos ab, sondern macht sich die Mühe auf ihre Bedenken einzugehen:

Habe ich dir nicht gesagt: Wenn du glaubst, wirst du die Herrlichkeit Gottes sehen?

Jetzt sind es praktische Rücksichten, die seinem Wirken entgegenstehen. Die Tatsache, dass sein irdischer Körper schon in Auflösung begriffen ist, scheint Grund genug, um Lazarus dort zu lassen, wo er ist. Doch Jesus steht ganz im Dienst seines göttlichen Auftrags. Seine Sendung ist es, die *Herrlichkeit Gottes* auf der Erde sichtbar zu machen, und zwar hier und jetzt. Und dazu fordert er sehr bestimmt von Marta und von uns den Glauben ein, der sich den Gesetzen der anderen, der göttlichen Wirklichkeit vertrauensvoll hingibt.

Da nahmen sie den Stein weg. Jesus aber erhob seine Augen und sprach: Vater, ich danke dir, dass du mich erhört hast. Ich weiß, dass du mich immer erhörst; aber wegen der Menge, die um mich herumsteht, habe ich es gesagt; denn sie sollen glauben, dass du mich gesandt hast. Nachdem er dies gesagt hatte, rief er mit lauter Stimme: Lazarus komm heraus! Da kam der Verstorbene heraus; seine Füße und Hände waren mit Binden umwickelt, und sein Gesicht war mit einem Schweißtuch verhüllt. Jesus sagte zu ihnen: Löst ihm die Binden und lasst ihn weggehen. (Joh 11,41-47)

Unmittelbar nach diesen Ereignissen zieht sich Jesus in eine Gegend nahe der Wüste zurück, an einen Ort namens Efraim und bleibt mit seinen Jüngern dort. Dass gerade die Erweckung des Lazarus sein Schicksal besiegelt, weil die Pharisäer und Hohepriester seinen wachsenden Einfluss fürchten, das gehört bereits zum Thema Leidensgeschichte, die aber erst später betrachtet werden soll.

Wenn wir wieder zurückblenden zu seiner ärztlichen Arbeit und das Markus-Evangelium hernehmen, dann finden wir eine Stelle, wo Jesus sichtlich müde und erschöpft nach Haus kommt und sich nach Ruhe sehnt. Doch diese Erwartung wird nicht erfüllt:

Als er zu seinen Jüngern zurückkam, sah er eine große Menschenmenge um sie versammelt und Schriftgelehrte, die mit ihnen stritten. Sobald die Leute Jesus sahen, liefen sie in großer Erregung auf ihn zu und begrüßten ihn. Er fragte sie: Warum streitet ihr mit ihnen? Einer aus der Menge antwortete ihm: Meister, ich habe meinen Sohn zu dir gebracht. Er ist von einem stummen Geist besessen; immer, wenn der Geist ihn überfällt, wirft er ihn auf den Boden, und meinem Sohn tritt Schaum vor den Mund, er knirscht mit den Zähnen und wird starr. Ich habe schon deine Jünger gebeten, den Geist auszutreiben, aber sie hatten nicht die Kraft dazu. Da sagt er zu ihnen: O du ungläubige Generation! Wie lange muss ich noch bei euch sein? Wie lang euch noch ertragen? Bringt ihn zu mir! Und man führte ihn herbei. Sobald der Geist Jesus sah, zerrte er den Jungen hin und her, so dass er hinfiel und sich mit Schaum vor dem Mund am Boden wälzte. Jesus fragte den Vater: Wie lange hat er das schon? Der Vater antwortete: Von Kind auf; oft hat er ihn sogar ins Feuer oder ins Wasser geworfen, um ihn umzubringen. Doch wenn du kannst, hilf uns; hab Mitleid mit uns! Jesus sagte zu ihm: Wenn du kannst? Alles kann, wer glaubt. Da rief der Vater des Jungen: Ich glaube hilf meinem Unglauben! Als Jesus sah, dass die Leute zusammenliefen, drohte er dem unreinen Geist und sagte: Ich befehle dir, du stummer und tauber Geist: Verlass ihn und kehr nicht mehr in ihn zurück! Da zerrte der Geist den Jungen hin und her und verließ ihn mit lautem Geschrei. Der Junge lag da wie tot, sodass alle Leute sagten: gestorben. Jesus aber fasste ihn an der Hand und richtete ihn auf, und der Junge erhob sich. (Mk 9,14-27)

Jesus ist es müde, immer wieder den Vermittler zu spielen. Zudem stört ihn die Anspruchlichkeit, mit welcher der Vater des kranken Sohnes seine Wundermacht geradezu einfordert. Diese Anmaßung weist er zurück, aber nicht im Stil eines gelassenen über den Dingen stehenden Mannes, sondern in der Art, wie auch wir reagieren, wenn uns alles zu viel wird. In diesem Moment werden wir nicht selten ungerecht und verallgemeinern so, dass man sehr deutlich merkt, wie frustriert wir sind.

Auch bei Jesus ist es im Moment nicht anders. Überwältigt von den unerwarteten Forderungen, bricht seine innere Disziplin zusammen und reißt ihn mit. Er möchte weggehen, einfach alles hinschmeißen, so wie wir es manchmal wollen.

Doch im selben Augenblick fängt er sich wieder und kümmert sich um den kranken Jungen, der für die angespannte Situation nichts kann. Als der Junge direkt vor seinen Augen einen Anfall erleidet, erkundigt sich Jesus beim Vater, wie lange er schon unter dieser Krankheit leide.

Ob er die Frage aus tatsächlicher Unkenntnis gestellt oder nur als Brücke benutzt hat, um die Atmosphäre ein bisschen zu entspannen, wissen wir nicht. Beeindruckend ist allerdings die Wirkung dieser einfachen Frage. Auch wir erleben das nicht selten, dass eine für uns neutral gemeinte Erkundigung plötzlich unerwartete Emotionen hervorruft. Manchmal ist es die Frage nach dem Urlaubsziel von Freunden, das durch langwierige Streitereien innerhalb der Partnerschaft zum Reizthema geworden ist, manchmal kann die simple Frage nach dem Befinden eines Familienmitgliedes überraschende und negative Reaktionen auslösen, weil wir mit unserer Frage angespannte Beziehungen berühren.

Der Vater sprudelt seine traurigen Erfahrungen nur so heraus und bittet in seiner Not Jesus um Hilfe. Durch viele enttäuschte Hoffnungen innerlich abgestumpft geht er auch auf Jesus zweifelnd zu. Doch Jesus beutelt ihn zurecht. Und diesem „Zurechtbeuteln" verdanken wir das tiefste und unauslotbare Glaubensbekenntnis der Heiligen Schrift: *Herr, ich glaube; hilf meinem Unglauben!* Anders ausgedrückt: „Ich versuche zu glauben, und wenn ich es nicht schaffe, hilf du mir weiter!"

Sabbatgebot

Doch nicht immer gelingt es Jesus, die Menschen von seinem Weg der Liebe zu überzeugen. Besonders mühsam wird seine Aufgabe, wenn er es mit Leuten zu tun hat, die wegen ihrer Stellung, ihrer Bildung, ihres Ansehens sich für etwas Besseres halten. Eine Tatsache, die kaum einer näheren Erklärung bedarf. Diese Haltung begegnet uns täglich auf Schritt und Tritt. Manchmal leiden wir darunter und manchmal, ja manchmal gehören wir auch zu denen, die genau zu wissen meinen, was für den Anderen gut und richtig ist.

So lesen wir bei Lukas:

An einem Sabbat lehrte Jesus in einer Synagoge. Dort saß eine Frau, die seit achtzehn Jahren krank war, weil sie von einem Dämon geplagt wurde; ihr Rücken war gekrümmt, und sie konnte nicht mehr aufrecht gehen. Als Jesus sie sah, rief er sie zu sich und sagte: Frau, du bist von deinem Leiden erlöst. Und er legte ihr die Hände auf. Im gleichen Augenblick richtete sie sich auf und pries Gott. Der Synagogenvorsteher aber war empört darüber, dass Jesus am Sabbat heilte und sagte zu den Leuten: Sechs Tage sind zum Arbeiten da. Kommt also an diesen Tagen und lasst euch heilen, nicht am Sabbat! Der Herr erwiderte ihm: Ihr Heuchler! Binde nicht jeder von euch am Sabbat seinen Ochsen oder Esel los und führt ihn zur Tränke? Diese Tochter Abrahams aber, die der Satan schon seit achtzehn Jahren gefesselt hielt, sollte am Sabbat nicht befreit werden dürfen? Durch diese Worte wurden seine Gegner beschämt; das ganze Volk aber freute sich übe all die großen Taten, die er vollbrachte. (Lk13,10-17)

Wie es oft der Fall ist, ergeben sich schon bei flüchtiger Betrachtung dieses Evangeliumstextes eine Vielzahl von Fragen und möglicher Antworten. Da es aber hier um den Menschen Jesus geht, soll nur untersucht werden, welche psychologischen Mittel er in dieser Heilung einsetzt, um dem Vorwurf der Sabbatschändung entgegenzutreten[14]. In der Synagoge eines Landstädtchens – in Jerusalem wurde nur im Tempel gebetet[15] – begegnet Jesus einer kranken Frau. In Evangeliensprache ausgedrückt, geplagt von einem Dämon, nach dem Sprachgebrauch der modernen Medizin, wahrscheinlich an schwerer Arthritis erkrankt. Sie tut ihm leid, und er heilt sie in besonders liebevoller Weise, indem er ihr seine Hände auflegt. Sie soll spüren, dass er es gut mit ihr meint, obwohl schon sein Wort genügte, um sie gesund zu machen. Als sie voller Begeisterung und Glück ihr Dankgebet an Gott richtet, wird der Vorsteher der Synagoge aufmerksam und beginnt zu schimpfen. *„Sechs Tage habt ihr Zeit euch heilen zu lassen, aber ausgerechnet am heiligen Sabbat müsst ihr euch herandrängen, und so weiter...*" Ich denke, dass der Mann noch einiges zu sagen gewusst hätte, um so richtig klar zu machen, wie groß der Unterschied zwischen ihm, dem Amtsträger und der Frau ist, die Jesus dazu gebracht hat, den Sabbatfrieden zu stören. Und weil sich Jesus das herausgenommen hat, ist er natürlich mitschuldig. Damit wäre alles gesagt, so denkt sich vermutlich der Synagogenvorsteher. Doch Jesus lässt die Frau nicht im Stich. Er argumentiert messerscharf, entlarvt die Haltung des Vorstehers der Synagoge als völlig unbedacht und abwertend in Hinblick auf die Frau, die er als Tochter Abrahams gewürdigt haben will und die ein Recht darauf habe, auch am Sabbat von ihrem Leiden befreit zu werden.

Im Moment geht Jesus als Sieger aus der Diskussion hervor. In einer ähnlich gelagerten Situation – allerdings vor einem vornehmen Publikum – wird auf dieselben Argumente aber nur mit schweigender Ablehnung reagiert.

Als Jesus an einem Sabbat in das Haus eines führenden Pharisäers zum Essen kam, beobachtete man ihn genau.

---

[14] Ex 20, 8-11

[15] Ez 43, 7

Da stand ein Mann, der an Wassersucht [16] litt. Jesus wandte sich an die Gesetzeslehrer und die Pharisäer und fragte: Ist es erlaubt, am Sabbat zu heilen, oder nicht? Sie schwiegen. Da berührte er den Mann, heilte ihn und ließ ihn gehen. Zu ihnen aber sagte er: Wer von euch wird seinen Sohn oder seinen Ochsen, der in einen Brunnen fällt, nicht sofort herausziehen, auch am Sabbat? Darauf konnten sie ihm nichts erwidern. (Lk14,1-6)

Im Rahmen dieser Erzählung fehlen Angriff und Widerspruch. Man beobachtet Jesus nur schweigend. Jesus heilt den Kranken, argumentiert gegen das gesammelte Schweigen, aber ohne Erfolg. Noch besitzt er den Status eines interessanten Mannes, den auch ein vornehmer Pharisäer zum Essen einladen kann.

Wenn man bedenkt, wie Jesus kritisiert wird, ja gegen ihn polemisiert wird[17], weil er sich von einem Zöllner einladen lässt, dann spürt man, wie wichtig Fragen der Gastfreundschaft damals genommen werden. Die Synagoge und der häusliche Tisch – diese beiden Orte von höchstem gesellschaftlichem Rang – bilden auch den Hintergrund, wo über die Pflicht zu helfen einerseits und die Einhaltung des Sabbatgebot andererseits, eine grundsätzliche Auseinandersetzung zwischen Jesus und den zuständigen Gesetzeslehrern stattfindet.

An einem anderen Sabbat ging er in die Synagoge und lehrte. Dort saß ein Mann, dessen rechte Hand verdorrt war. Die Schriftgelehrten und die Pharisäer gaben acht, ob er am Sabbat heilen werde; sie suchten nämlich einen Grund zur Anklage gegen ihn. Er aber wusste, was sie im Sinn hatten, und sagte zu dem Mann mit der verdorrten

---

[16] ... vermutlich chronisches Herzleiden

[17] Als die Schriftgelehrten, die zur Partei der Pharisäer gehörten, sahen, dass er mit Zöllnern und Sündern aß, sagten sie zu seinen Jüngern: Wie kann er zusammen mit Zöllnern und Sündern essen? Jesus hörte es und sagte zu ihnen: Nicht die Gesunden brauchen den Arzt, sondern die Kranken. Ich bin gekommen, die Sünder zu rufen, nicht die Gerechten. Mk 2,16

Hand: Steh auf und stelle dich in die Mitte! Der Mann stand auf und trat vor. Dann sagte Jesus zu ihnen: Ich frage euch: Was ist am Sabbat erlaubt: Gutes zu tun oder Böses, ein Leben zu retten oder es zugrunde gehen zu lassen? Und er sah sie alle der Reihe nach an und sagte dann zu dem Mann: Streck deine Hand aus! Er tat es, und seine Hand war wieder gesund. Da wurden sie von sinnloser Wut erfüllt und berieten, was sie gegen Jesus unternehmen könnten. (Lk 6,6-11)

In diesem Text wird bereits deutlich ausgesprochen, was Jesus zu erwarten hatte, wenn er sich gegen das Sabbatgebot „versündigt". Obwohl er das weiß, versucht er trotzdem die Phalanx der Ablehnung zu durchbrechen, um zumindest einen der versammelten Würdenträger mit seinen Argumenten zu überzeugen. Aber vergeblich!

Und er sah sie der Reihe nach an …

Keiner der Anwesenden will ihn verstehen. Wie er sich dabei fühlt, als die Männer ihm gegenüber dem Schulterschluss vollziehen? Als er völlig allein gelassen vor ihnen steht und als Mensch, der das Gute tun will, nur Wut und Ablehnung zu spüren bekommt?

Dankbarkeit

Aussatz ist eine der furchtbarsten Krankheiten[18], die einen Menschen treffen können, und es wird mehrfach berichtet, dass Jesus Aussätzige heilt und zwar ab Beginn seines öffentlichen Wirkens[19]. Im Folgenden geht es aber um ein Thema, das uns Menschen allgemein betrifft, und zwar die Dankbarkeit. Ein heikles Thema, weil wir gewohnt sind, das Gute in unserem Leben als selbstverständlich zu nehmen. Gleichzeitig erwarten wir von den Menschen unserer Umgebung, dass sie dankbar sind für das Gute, das sie von uns bekommen und dass sie dies auch zeigen. Wie sehr schmerzt uns die Kälte innerhalb der Familie, wenn wir uns Tag für Tag abmühen und die Partner, die Kinder immer nur fordern. Wie kränkt uns die Lässigkeit, womit die anderen unsere Anstrengungen innerhalb kurzer Zeit zunichtemachen. Die Liste der unsichtbaren Verletzungen, die aus der Undankbarkeit entstehen, wäre endlos fortzusetzen – weil wir Menschen aus natürlicher Trägheit uns nicht klar machen wollen, was andere für uns tun.

Jesus geht es genauso:

Auf dem Weg nach Jerusalem zog Jesus durch das Grenzgebiet von Samarien und Galiläa. Als er in das Dorf hineingehen wollte, kamen ihm zehn Aussätzige entgegen. Sie blieben in der Ferne stehen und riefen: Meister, hab Erbarmen mit uns! Als er sie sah, sagte er zu ihnen: Geht und zeigt euch den Priestern! Und während sie zu den Priestern gingen, wurden sie rein. Einer von ihnen aber kehrte um, als er sah, dass er geheilt war; und er lobte Gott mit lauter Stimme. Er warf sich vor den Füßen Jesu zu Boden und dankte ihm. Da sagte Jesus: es sind doch alle zehn rein geworden. Wo sind die übrigen neun? Ist denn keiner umgekehrt, um Gott zu ehren, außer

---

[18] Lev 13,1-8
[19] Lk 5,12-16

diesem Fremden? Und er sagte zu ihm: Steh auf und geh! Dein Glaube hat dir geholfen. (Lk17,11-19)

Jesus erfüllt die Bitten der Aussätzigen und heilt sie. Eine Tatsache, die ihr ganzes zukünftiges Leben verändern wird. Ab jetzt haben sie nicht mehr den Tod vor Augen, sondern ein Leben im Kreis ihrer Familie – sie können sich wieder frei bewegen, die Achtung und Liebe ihrer Mitmenschen spüren – sie können arbeiten, für ihren Lebensunterhalt sorgen und sind nicht mehr auf Almosen angewiesen. Eine vollständige Heilung von Aussatz und die Wiederherstellung der körperlichen Unversehrtheit wäre auch heute noch als „Wunder" einzustufen. Medikamente können den Fortschritt der Krankheit zwar aufhalten, für die abgestorbenen Hautflächen aber gibt es keine Heilung, die bleiben wie sie sind. Die unglaubliche Veränderung ihres Lebens, so meinen wir, müsste die Geheilten doch alle zu Jesus zurückführen, doch nein, nur ein Einziger kommt zurück. Nur ein Einziger teilt Jesus seine übergroße Freude mit, teilt mit ihm das Glück seiner Heilung, zeigt ihm seine Dankbarkeit.

Ob Jesus sehr traurig war? Enttäuscht? Wahrscheinlich „verdrängt" er die aufkeimenden Gefühle, wie wir heute sagen würden. Dass er sich aber wünscht, dass auch die anderen Geheilten zurückkehren, um ihm zu danken und „Gott zu ehren", steht außer Zweifel. Dazu kommt, dass der Geheilte, der zurückgekommen ist, ein Samaritaner ist. Er ist ein Ausländer, würden wir heute sagen, während die jüdischen Kranken es nicht der Mühe wert finden, umzukehren und Jesus zu danken, bzw. *Gott die Ehre zu geben.* Manchmal muss er schon leicht verzweifelt gewesen sein, wenn man bedenkt, dass er zu den „Kindern Israels" gesandt war, um sie zu seinem Vater zurückzuführen und immer wieder enttäuscht wurde. Zweifellos ist Undankbarkeit überall und bei allen Menschen zu finden. Doch tut es von den Menschen, die uns nahestehen, besonders weh, weil wir uns wünschen, dass es hier anders wäre.

Reichtum

Manchmal tröstet uns das Lesen des Evangeliums mehr als erwartet, doch manchmal fordern uns die Texte auch heraus und zwar ganz anders, als wir es vielleicht wahrhaben wollen. So lesen wir bei Lukas:

Einer aus der Volksmenge bat Jesus: Meister, sag meinem Bruder, er solle sein Erbe mit mir teilen. Er erwiderte ihm: Mensch, wer hat mich zum Richter oder Schlichter bei euch gemacht? Dann sagte er zu den Leuten: Gebt acht, hütet euch vor jeder Art von Habgier. Denn der Sinn des Lebens besteht nicht darin, dass einer aufgrund seines großen Vermögens in Überfluss lebt. Und er erzählte ihnen folgendes Beispiel: Auf den Feldern eines reichen Mannes stand eine gute Ernte. Da überlegte er hin und her: Was soll ich tun? Ich weiß nicht, wo ich meine Ernte unterbringen soll. Schließlich sagte er: So will ich es machen: Ich werde meine Scheunen abreißen und größere bauen; dort werde ich mein ganzes Getreide und meine Vorräte unterbringen. Dann kann ich zu mir selber sagen: Nun hast du einen großen Vorrat, der für viele Jahre reicht. Ruh dich aus, iss und trink, und freu dich des Lebens! Da sprach Gott zu ihm: Du Narr! Noch in dieser Nacht wird man dein Leben von dir zurückfordern. Wem wird dann all das gehören, was du angehäuft hast? So geht es jedem, der nur für sich selbst Schätze sammelt, aber vor Gott nicht reich ist. (Lk 12,13-21)

Wenn es um die Themen Erbe, Geld und Eigentum geht, reagiert Jesus nach modernem Sprachgebrauch fast „allergisch“. Kein anderes Thema wird im Evangelium so häufig angesprochen, wie dieses, wenn auch in abgewandelter

Form[20]. Sicherheit von Reichtum und Geld zu erwarten, ist nach den Worten Jesu Schimäre. Das und nichts anderes soll uns das Gleichnis vom reichen Mann lehren. Das Gleichnis in seiner historischen Gebundenheit können wir leicht auf Distanz rücken. Doch erweist sich die Sehnsucht nach Unabhängigkeit, nach ökonomischer Sicherheit als Ideal unseres heutigen Lebens schlechthin. Wir wollen nicht abhängig sein. Wollen uns nicht eingestehen, dass wir Hilfe brauchen und schon gar nicht, dass wir in Gott verankert sind. Wenn wir Gott als liebenden Vater gelten lassen, dann hat er oft große Mühe mit unserem Eigensinn und unserer Verbogenheit fertig zu werden – so wie Jesus, unser Bruder – der sich den menschlichen Unzulänglichkeiten annehmen muss, ob er will oder nicht.

---

[20] Mt 6, 19-34   Von der falschen und der rechten Sorge

Mt 10, 9-10 Steckt nicht Gold, Silber und Kupfermünzen in euren Gürtel ... denn wer arbeitet, hat ein Recht auf Unterhalt.

Mt 16, 24-28 Was nützt es dem Menschen, wenn er die ganze Welt gewinnt, dabei aber sein Leben einbüßt?

Mt 19, 16-30 Von Reichtum und Nachfolge

Mk 12, 41-44   Das Opfer der Witwe

Lk 12, 33-34   Vom wahren Schatz

Lk 16, 1-8   Vom klugen Verwalter

Vorrangstellung

Dass ihn auch seine Jünger manchmal arg herausfordern können, lässt sich unschwer dem Bericht entnehmen, in dem es um die Frage ihrer persönlichen Stellung geht.

Sie kamen nach Karfanaum. Als er im Haus war, fragte er sie: Worüber habt ihr unterwegs gesprochen? Sie schwiegen, denn sie hatten unterwegs miteinander darüber gesprochen, wer (von ihnen) der Größte sei. Da setzte er sich, rief die Zwölf und sagte zu ihnen: Wer der Erste sein will, soll der Letzte von allen und der Diener aller sein. Und er stellte ein Kind in ihre Mitte, nahm es in seine Arme und sagte zu ihnen: Wer ein solches Kind aufnimmt, der nimmt mich auf; wer aber mich aufnimmt, der nimmt nicht nur mich auf, sondern den, der mich gesandt hat. (Mk9,33-37)

Ein typisches Burschengespräch, das Jesus hier zum Anlass nimmt, um sie mit seiner Auffassung von Größe zu konfrontieren. Wir finden zwar keine wörtlichen Anspielungen auf seine Stimmung. Aber die Art, wie er die Zwölf sofort zusammenholen lässt, sich hinsetzt und ihnen klarmacht, dass Größe in seinen Augen ganz eng mit Demut verbunden ist, zeigt, wie wichtig das Thema für ihn ist.

Und damit sie wirklich verstehen, was er meint, macht er „Anschauungsunterricht":

Und er stellte ein Kind in ihre Mitte, nahm es in die Arme und sagte ...

Dieser Satz lässt darauf schließen, dass er es nicht lange suchen, sondern nur aufstehen musste, um sich eines aus der hauseigenen Schar herauszuholen und es in die Mitte seiner Freunde zu stellen. Doch wahrt er die Würde des „pädagogischen Gegenstandes". Er nimmt das Kind in seine Arme, während er den Zwölf klar zu machen versucht, dass die Liebe zu Schwachen und Hilfsbedürftigen gleichbedeutend ist mit Gottesliebe. Eine schwierige Lektion für die Jünger.

Doch der Augenblick ist gut gewählt, wenn man bedenkt, welche Bedeutung der persönlichen Vorrangstellung im täglichen Leben zukommt.

Jesus weiß sehr gut, wann und wie er reden muss, um das Eisen zu schmieden, solange es heiß ist; und er nimmt seine Freunde auch in ihren Schwächen ernst.

Noch schwieriger wird es für die Jünger, wenn man den folgenden Text vor dem Hintergrund ihrer gewohnten gesellschaftlichen Vorstellungen betrachtet.

Man brachte auch kleine Kinder zu ihm, damit er ihnen die Hände auflegte. Als die Jünger das sahen, wiesen sie die Leute schroff ab. Jesus aber rief die Kinder zu sich und sagte: Lasst die Kinder zu mir kommen; hindert sie nicht daran! Denn Menschen wie ihnen gehört das Reich Gottes. Amen, das sage ich euch: Wer das Reich Gottes nicht so annimmt, wie ein Kind, der wird nicht hineinkommen. (Lk18,15-17)

In den Schriften des Alten Testaments sind Kinder als eigenständige Wesen nicht vorgesehen. Sie sind Familienmitglieder und Hoffnungsträger für die Zukunft. Sie werden erst dann ernst genommen, wenn sie erwachsen sind und die ihnen zugedachten Aufgaben übernehmen können. Gegen diese Haltung bezieht Jesus klar Stellung, und zwar wieder im Namen der Liebe. Nicht nur, dass er den Jüngern ihre „gut gemeinte" Abwehr nicht gelten lässt und die Kinder zu sich holt, nein, er geht noch einen Schritt weiter und nimmt die kindlich vertrauende Haltung als Gleichnis für eine reife Gottesbeziehung.

Manchmal haben sie es nicht leicht mit ihm, seine Jünger!

Wert der geistigen Arbeit

Dennoch halten ihm seine Leute, sein innerer Kreis, die Treue und lassen sich auch bereitwillig in seinen Dienst nehmen:

> *Danach suchte der Herr zweiundsiebzig andere aus und sandte sie zu zweit voraus in alle Städte und Ortschaften, in die er selbst gehen wollte. Er sagte die Ernte ist groß, aber es gibt nur wenig Arbeiter. Bittet also den Herrn der Ernte, Arbeiter für seine Ernte auszusenden. Geht! Ich sende euch wie Schafe mitten unter die Wölfe. Nehmt keinen Geldbeutel mit, keine Vorratstasche und keine Schuhe! Grüßt niemanden unterwegs! Wenn ihr in ein Haus kommt, so sagt als erstes: Friede diesem Haus! Und wenn dort ein Mann des Friedens wohnt, wird der Friede, den ihr ihm wünscht, auf ihm ruhen; andern falls wird er zu euch zurückkehren. Bleibt in diesem Haus, esst und trinkt, was man euch anbietet; denn wer arbeitet, hat ein Recht auf seinen Lohn. Zieht nicht von einem Haus in ein anderes! Wenn ihr in eine Stadt kommt und man euch aufnimmt, so esst, was man euch vorsetzt. Heilt die Kranken, die dort sind, und sagt zu den Leuten: Das Reich Gottes ist euch nahe. Wenn ihr aber in eine Stadt kommt, in der man euch nicht aufnimmt, dann stellt euch auf die Straße und ruft: selbst der Staub eurer Stadt, der an unseren Füßen klebt, lassen wir euch zurück; doch das sollt ihr wissen: Das Reich Gottes ist nahe. (Lk10,1-11)*

> *Wer euch hört, der hört mich, und euch ablehnt, der lehnt mich ab; wer aber mich ablehnt, der lehnt den ab, der mich gesandt hat. (Lk10,16)*

Warum er sie nur zu zweit gehen lässt? Die Antwort liegt auf der Hand – was immer auch geschieht, solange man einen vertrauenswürdigen Menschen an seiner Seite hat, lassen sich auch große Aufgaben meistern.

Interessant sind die praktischen Ratschläge, die Jesus seinen Leuten mit auf den Weg gibt. Sie sollen bleiben, wo sie gut aufgenommen werden und essen, was man ihnen vorsetzt ohne zu murren. Gleichzeitig versichert er ihnen, dass sie ein Recht auf Unterhalt haben, weil ihre Arbeit wertvoll ist. Auch eine geistige Arbeit, wie zum Beispiel einem Haus den Frieden zu bewahren – eine Arbeit, die heute kaum als solche gewertet würde – verdient ihren Lohn. Dasselbe gilt auch für ihre ärztliche Tätigkeit, die schon eher als „Arbeit" in unserem Sinn gelten kann. Befremdend erscheint uns heute allerdings, dass die Jünger von damals die Nähe des Reiches Gottes ankündigen sollen, obwohl es die Welt in ihrer Widersprüchlichkeit und Gefährdung durch das Böse, bis heute gibt.

Aber diese Frage führt uns tief in die theologische Problematik unseres Glaubens: zur Frage der Eschatologie[21], deren Beantwortung den Rahmen dieser Schrift sprengt.

Dass die Jünger tatsächlich erfolgreich sind, geht aus dem folgenden Text ganz klar hervor:

Die zweiundsiebzig kehrten zurück und berichteten voll Freude: Herr, sogar die Dämonen gehorchen uns, wenn wir deinen Namen aussprechen. (Lk 10,17)

Doch Jesus holt sie schnell von ihren gefährlichen Höhenflügen zurück, um sie auf dem Boden der wesentlichen Dinge „festzuschnallen":

Seht, ich habe euch die Vollmacht gegeben, auf Schlangen und Skorpione zu treten und die ganze Macht des Feindes zu überwinden. Nichts wird euch schaden können. Doch freut euch nicht darüber, dass euch die Geister

---

[21] *Eschatologie*: ([esça-], griechisch εσχατολογία, „die äußersten/letzten Dinge" ist heute die Lehre von der Hoffnung auf Vollendung jedes einzelnen Menschen, egal wann und wie lange er gelebt hat (*individuelle Eschatologie*) und die Hoffnung auf die Vollendung der gesamten Schöpfung (*universale Eschatologie*), die sich aus dem Glauben ergibt. Off 21,1 *Dann sah ich einen Neuen Himmel und eine neue Erde; denn der erste Himmel und die erste Erde sind vergangen, auch das Meer ist nicht mehr …*

gehorchen, sondern freut euch darüber, dass eure Namen im Himmel verzeichnet sind. (Lk10,19-20)

Unschwer vorzustellen, wie verdutzt die Jünger in diesem Augenblick reagieren, als Jesus so ungewöhnlich argumentiert. Wahrscheinlich erwarten sie Lob und auch Mitfreude von Jesus, weil sie so erfolgreich waren, doch er, ja er weiß, was Wunder kosten und dass die Wundermacht eine sehr, sehr ernste Sache ist. Und er weiß auch um die Gefahr der Selbstüberschätzung, wenn man etwas kann, was allen anderen Menschen unzugänglich ist und deshalb holt er sie ganz schnell herab auf den Boden – seinen Boden – der im Himmel ist.

Toleranz

Ein anderes Mal reagiert Jesus ebenso unerwartet, aber in eine ganz andere Richtung:

Da sagte Johannes: Meister, wir haben gesehen, wie jemand in deinem Namen Dämonen austrieb, und wir versuchten ihn daran zu hindern, weil er uns nicht nachfolgt. Jesus antwortete ihm: Hindert ihn nicht! Keiner, der in meinem Namen Wunder tut, kann so leicht schlecht von mir reden. Denn wer nicht gegen uns ist, der ist für uns. Wer euch nur einen Becher Wasser zu trinken gibt, weil ihr zu Christus gehört – Amen, ich sage euch: er wird nicht um seinen Lohn kommen. (Mk9,38-41).

Nach menschlicher Ansicht soll dem fremden Wundertäter das Handwerk gelegt werden. Wie kommt dieser dazu, die Macht Jesu für seine eigenen Zwecke auszunützen? Doch Jesus argumentiert hier einfach lebenspraktisch und tolerant. Wenn einer überhaupt wahrnimmt, dass Jesus, als Christus ihm und den anderen helfen kann, dann soll es sein. Er fordert nicht von allen dasselbe, sondern nur das, was sie zu leisten imstande sind.

Ein Gedanke, der nicht genug hervorzuheben ist, wenn wir allzu schnell mit Verurteilungen zur Hand sind, wenn andere Menschen nicht so reagieren, wie es „gut und richtig" zu sein scheint. Jesus, ein Meister der menschlichen Psychologie, und wie selten wird er von uns Menschen als solcher anerkannt ...

Jesus fastet und betet

Fasten und Beten sind die klassischen Wege aller Religionen, wenn es darum geht, sich dem inneren Anruf des Göttlichen zu öffnen. Fasten und Beten befreien von irdischen Problemen und Sorgen und erschließen geistige Kraftquellen, von deren Wirksamkeit das Leben und Tun vieler Heiliger Zeugnis ablegt. Auch bei Jesus steht am Beginn seines öffentlichen Wirkens eine vierzigtägige Phase des Fastens und Betens. Auch er holt sich die Kraft für seine zukünftige Arbeit aus der Einsamkeit der Wüste und der konzentrierten Hinwendung zu seinem Vater.

Doch in dem Moment, als er sich wieder dem Leben unter den Menschen zuwendet, überfallen ihn altbekannte menschliche Bedürfnisse und Sehnsüchte. Und Jesus stellt sich seinen Sehnsüchten. Er verdrängt sie nicht, wie wir heute sagen, sondern geht offen auf sie zu. Zunächst hat er Hunger und nach allem, was wir über seine übernatürlichen Fähigkeiten gelernt haben und bereit sind anzuerkennen, könnte er wie es sein *alter ego – der Teufel* – verlangt, und wie uns bei Lukas überliefert wird, auch aus Steinen Brot machen:

Erfüllt vom Heiligen Geist, verließ Jesus die Jordangegend. Darauf führte ihn der Geist vierzig Tage lang in der Wüste umher und dabei wurde Jesus vom Teufel in Versuchung geführt. Die ganze Zeit über aß er nichts; als aber die vierzig Tage vorüber waren, hatte er Hunger. Da sagte der Teufel zu ihm: Wenn du Gottes Sohn bist, so befiehl diesem Stein, zu Brot zu werden. Jesus antwortete ihm: In der Schrift heißt es: Der Mensch lebt nicht nur von Brot allein. Da führte ihn der Teufel (auf einen Berg) hinauf und zeigte ihm in einem einzigen Augenblick alle Reiche der Erde. Und er sagte zu ihm: All die Macht und die Herrlichkeit dieser Reiche will ich dir geben; denn sie sind mir überlassen, und ich gebe sie, wem ich will. Wenn du dich vor mir niederwirfst und mich anbetest, wird dir alles gehören. Jesus antwortete ihm: In der Schrift steht: Vor dem

Herrn, deinem Gott, sollst du dich niederwerfen, und ihm allein dienen. *Darauf führte ihn der Teufel nach Jerusalem, stellte ihn oben auf den Tempel und sagte zu ihm: Wenn du Gottes Sohn bist, so stürz dich von hier hinab; denn es heißt in der Schrift: Seinen Engeln befiehlt er, dich zu behüten; und sie werden dich auf Händen tragen, damit dein Fuß nicht an einen Stein stößt. Da antwortete ihm Jesus: Die Schrift sagt: Du sollst den Herrn, deinen Gott nicht auf die Probe stellen. Nach diesen Versuchungen ließ der Teufel für eine gewisse Zeit von ihm ab. (Lk4,1-13)*

Dass dieser Text viele ungelöste bzw. unlösbare Fragen aufwirft, liegt auf der Hand. Doch ist hier nicht der Ort, die Komplexität und theologische Problematik des Inhalts auch nur ansatzweise zu berühren. Was im Kontext unseres Themas zur Beantwortung ansteht, ist die Art und Weise, wie Jesus, physisch und wahrscheinlich auch psychisch geschwächt, mit den auf ihn hervorragend zugeschnittenen Versuchungen umgeht. Erklärungsversuche in der Richtung, dass Jesus eben ein besonderer Mensch war, der Versuchungen mit der linken Hand meistert, mögen schon im Ansatz verfehlt sein, sonst hätten sich die Evangelisten die Niederschrift dieser inneren Auseinandersetzung sparen können.

Dass es als eine reine Beispielerzählung: ‚Zur Nachahmung empfohlen!' gedacht ist, dagegen spricht der letzte Satz im Text, dass der Teufel nur eine gewisse Zeit von ihm abgelassen hat. Das heißt mit anderen Worten, dass Jesus so wie wir den Versuchungen durchaus ausgesetzt bleibt, ja ausgesetzt bleiben muss, um seine wahre Brüderlichkeit mit uns Menschen zu bewahren.

Wenn man die Stoßrichtung der Versuchungen genauer ins Auge fasst, dann fällt auf, dass es in allen drei Fällen mehr oder weniger um Machtmissbrauch geht:

Steine in Brot zu verwandeln, alle Reiche und Herrlichkeiten der Welt zu besitzen oder zu erwarten, dass man bei einer spektakulären Aktion auf übernatürliche Weise gerettet werde, läuft im Fall von Jesus immer auf einen Missbrauch seiner Fähigkeiten hinaus. Wir können nicht Steine in Brot verwandeln, auch würde keiner von uns freiwillig von den Jerusalemer Tempelzinnen hinabspringen! Diese Versuchungen sind für uns nicht gefährlich! Doch dem Teufel zu huldigen, indem wir ihm – dem Verwirrer und Zerstörer – um der Herrlichkeit der Welt willen, immer wieder huldigen, dieser Versuchung erliegen auch wir.

Dass Jesus, nicht auf der Höhe seiner persönlichen Widerstandskraft, seinem *alter ego* gegenübertritt, liegt auf der Hand. (*...als aber vierzig Tage vorüber waren, hatte er Hunger*) Jesus versucht sich daher auf seine Weise zu retten. Diese besteht darin, dass er sich auf das Ufer der alttestamentarischen Weisungen zurückzieht. ER selbst kann vielleicht nur mit Aufbietung seiner ganzen Willenskraft Widerstand leisten. Doch bewaffnet mit der Sicherheit der geistigen Weisung vermag er die Versuchungen abzuschmettern.

Vielleicht scheint diese Interpretation überzogen. Doch ist es nicht in unserem täglichen Leben des Öfteren auch der Fall, dass unser Gefühl, unsere Sehnsüchte uns in ganz andere Richtungen ziehen als wir zulassen sollten?

In der Einsamkeit der Nacht, zurückgezogen auf abgelegenen Plätzen der Natur (manchmal auf einem Berg),[22] sucht Jesus das Gespräch mit seinem Vater. Er betet nicht vor allen Leuten, wie es damals üblich war, sondern zieht sich zurück. Dieses ungewöhnliche Zurückziehen war für die Jünger anfangs sicher befremdend. Doch später, als sie sich daran gewöhnt hatten, wollen sie seine Art zu beten lernen.

Und er lässt sich nicht lange bitten, sondern lehrt sie die grandiosen Verse des *Vaterunsers*. Das Gebet, das neben der vertrauensvollen Anrede, in fünf Bitten gegliedert, alle großen Lebensfragen des Menschen berührt.

Jesus betete einmal an einem Ort; und als er das Gebet beendet hatte, sagte einer seiner Jünger zu ihm: Herr lehre uns beten, wie schon Johannes seine Jünger beten

---

[22] Bereits im ALTEN TESTAMENT finden wichtige Gottesbegegnungen auf Bergen statt: Ex 19,3/1Kön 18,1-46/Ez 40, 2

gelehrt hat. Da sagte er zu ihnen: Wenn ihr betet, so sprecht: Vater, dein Name werde geheiligt. Dein Reich komme. Gib uns täglich das Brot, das wir brauchen. Und erlass uns unsere Sünden; denn auch wir erlassen jedem, was er uns schuldig ist. Und führe uns nicht in Versuchung. (Lk11,1-4)

Bei Matthäus ist das Thema in die große Bergpredigt eingebunden, wo einleitend noch vorausgeschickt wird, dass Demut und Zurückgezogenheit zum ehrlichen Gebet dazugehören.

Wenn ihr betet, macht es nicht wie die Heuchler. Sie stellen sich beim Gebet gern in die Synagogen und an die Straßenecken, damit sie von den Leuten gesehen werden. Amen, ich sage euch: Sie haben ihren Lohn bereits erhalten. Du aber geh in deine Kammer, wenn du betest, und schließ die Tür zu; dann bete zu deinem Vater, der im Verborgenen ist. Der Vater, der auch das Verborgene sieht, wird es dir vergelten. (Mt6,5-15)

Scheinbar praktische und handfeste Antworten sind es, die Jesus den Jüngern auf ihre Fragen gibt, und dennoch erschließen sie ihnen und uns eine völlig neue Form der Gottesbeziehung.

Trotz Gewöhnung und Abstumpfung wird uns der Text des *Vaterunsers* immer wieder herausfordern, ob wir wollen oder nicht. Die Erwartung, dass Gott seine Vergebung an unsere Großzügigkeit und Bereitschaft zu verzeihen knüpfen sollte, ist ein so ungeheuerlicher Anspruch, dass damit wohl nie ein Mensch wirklich zu Rande kommt. Auf den ersten Blick scheint auch die Art und Weise, wie Jesus den Wert des einfachen und schlichten Bittgebetes zu erschließen versucht, sehr vertraut und realitätsbezogen:

Darum sage ich euch: Bittet, dann wird euch gegeben werden; sucht, dann werdet ihr finden; klopft an, dann wird euch geöffnet. Denn wer bittet, der empfängt; wer sucht, der findet; und wer anklopft, dem wird geöffnet. Oder ist unter euch ein Vater, der seinem Sohn eine

Schlange gibt, wenn er um einen Fisch bittet, oder einen Skorpion, wenn er um ein Ei bittet? Wenn nun schon ihr, die ihr böse seid, euren Kindern gebt, was gut ist, wie viel mehr wird der Vater im Himmel den Heiligen Geist denen geben, die ihn bitten. (Lk11,9-13)

Fast überflüssig zu sagen, wie Jesus meisterlich mit Sprachbildern umgeht. Schlangen und Skorpione sind Lebewesen, deren Gefährlichkeit bis heute ein Begriff ist. Dass wir von Gott Vater dieselbe Reaktion erwarten können, wie von einem irdischen Vater, liegt auf der Hand. Doch dann ändert sich das Vergleichsmuster oder doch nicht? Es wird nicht gesagt, dass wir inhaltlich das bekommen, worum wir bitten, sondern die *Gabe des Heiligen Geistes.* Was wir unter der Gabe des Heiligen Geistes verstehen dürfen, bleibt eine Frage der Theologie. Wir können nur in Analogie zu den erbetenen Gaben schließen, dass der Heilige Geist eine lebensnotwendige Gabe für unser seelisch-geistiges Leben bedeutet. Anders ausgedrückt, könnte es bedeuten, dass wir uns über das Rüstzeug zum geistigen Leben keine Gedanken machen sollen, sondern nur darum zu bitten brauchen. Aber gerade daraus entsteht das Dilemma: Wer von uns will denn geistige Gaben, wenn wir von den irdischen Glücksgütern noch nicht genug bekommen haben?

Wie viele andere Berichte des Evangeliums ist wohl auch der betende Mensch Jesus für uns in der Schublade der bedeutungslos gewordenen Inhalte abgelegt. Für uns moderne Menschen scheint Beten kaum mehr ein Mittel zur Lebensbewältigung. Unser Vertrauen setzt auf menschliche Problemlösungen. Das mag vordergründig richtig erscheinen, wenn wir den gewaltigen technologischen Fortschritt betrachten, den Wissenschaft und vor allem die Medizin für unser alltägliches Leben gebracht haben.

Wir „brauchen" das Gebet nicht, wenn wir gesund, jung und erfolgreich sind. Wenn wir alles Lebensnotwendige im Supermarkt kaufen können.

Wenn wir uns die Mühe machen und den Spuren des betenden Menschen Jesus quer durch den Text des Evangeliums nachgehen, dann fällt auf, dass sehr oft von *seinem Beten* die Rede ist. Jesus betet nach langen und anstrengenden Arbeitstagen. Er betet, bevor er Lazarus wieder ins Leben zurückholt. Er betet für seine Jünger. Er betet vor seiner Verklärung am Berg Tabor. Er betet am Ölberg und fordert seine Jünger auf zu beten, damit sie nicht in „Versuchung fallen", das heißt, dass sie sich durch das Gebet einen geistigen Schutzraum formen sollen, der sie vor ihrer eigenen Schwäche bewahrt.

Er betet am Kreuz für seine Peiniger und betet im Augenblick seines Todes.

Es scheint so, dass Jesus in jeder Situation oder besser noch, wie der Apostel Paulus sagt[23], ununterbrochen gebetet hat.

Ja, kann man das überhaupt, ununterbrochen beten? Man muss doch arbeiten. Wenn man mit anderen Menschen redet, kann man doch nicht gleichzeitig beten? Und überhaupt, wie soll man in einem anstrengenden Alltagsleben Ruhe finden, um zu beten? Diese Argumente werden oft vorgebracht und bleiben dennoch fragwürdig.

Ich denke, dass Beten sehr gut mit dem Erlernen einer fremden Sprache vergleichbar ist. Solange wir uns nicht die Mühe machen, zumindest einige Grundvokabel zu lernen, wird die fremde Sprache an unserem Ohr vorbei klingen. Ohne Sprache können wir mit anderen Menschen kaum kommunizieren. Gewiss können wir auf Gesten und andere Hilfsmittel zurückgreifen, um uns mitzuteilen. Doch zu einem tieferen Verständnis der Lebenswirklichkeit von anderen Menschen gelangen wir nur durch die Sprache.

Dasselbe geschieht auf einer anderen Ebene, wenn wir nie damit beginnen, mit Gott wirklich ins Gespräch zu kommen. ER ist immer dazu bereit. Doch wir müssten wenigstens versuchen, SEINE SPRACHE, um in dem Bild zu bleiben, ansatzweise zu erlernen. Ohne Übung und Bemühen geht nichts in unserem Leben. Nur sehr wenig fliegt

---

[23] 1 Thess 5,17

uns ohne Mühe zu. Auch das größte Genie muss sein Handwerk lernen, bevor es seine künstlerischen Höhenflüge antreten kann.

Das wissen wir und handeln im normalen Leben auch danach. Nur beim Beten erwarten wir, dass alles von selbst geschieht; nicht bedenkend, dass Gott unsere Freiheit unangetastet lässt. ER wartet auf unser vertrauensvolles Aufblicken, auf unsere Zuwendung, unsere Bereitschaft mit IHM zu reden. ER drängt sich nicht auf. Es liegt an uns, das Gespräch zu beginnen, ihn „anzurufen", IHM zuzuhören – ja zuzuhören, wenn ER uns in Krisensituationen Auswege zeigt, die wir vorher nicht sehen konnten – sondern erst im Nachhinein, wenn wir Gott ganz aufrichtig und ernst unsere Probleme dargelegt haben.

Jesus in Bedrängnis

Wie allgemein bekannt ist, benutzt Jesus gerne die Erzählweise des Gleichnisses, wenn eine Verdeutlichung von komplexeren geistig-menschlichen Themen notwendig wird. Damit liegt er in einer Linie mit der allgemeinen Lehrtradition, die er allerdings „mit höchster Meisterschaft handhabe"[24]. Die Erzählform des Gleichnisses ist ein sehr vielschichtiges literarisches Instrument. Ausgehend von einfachen Alltagsszenen, die jedem einleuchten, reicht das Spektrum bis hin zu Geschichten, die so schillernd abgefasst sind, dass man nicht sicher sein konnte, ob es sich um eine tatsächliche Begebenheit oder um eine Beispielerzählung handelte. Auf diese Weise kann man verhüllen und gleichzeitig enthüllen, wie es in der folgenden Parabel[25] geschieht.

Er erzählte dem Volk dieses Gleichnis: Ein Mann legte einen Weinberg an, verpachtete ihn an Winzer und reiste für längere Zeit in ein anderes Land. Als nun die Zeit dafür gekommen war, schickte er einen Knecht zu den Winzern. Damit sie ihm seinen Anteil am Ertrag des Weinberges ablieferten. Die Winzer aber prügelten ihn und jagten ihn mit leeren Händen fort. Darauf schickte er einen anderen Knecht; auch ihn prügelten und beschimpften sie und jagten ihn mit leeren Händen fort. Er schickte noch einen anderen Knecht; aber auch ihn schlugen sie blutig und warfen ihn hinaus. Da sagte der Besitzer des Weinbergs: Was soll ich tun? Ich will meinen geliebten Sohn zu ihnen schicken. Vielleicht werden sie vor ihm Achtung haben. Als die Winzer den Sohn sahen, überlegten sie und sagten zueinander: Das ist der Erbe; wir wollen ihn töten, damit das Erbgut uns gehört. Und sie warfen ihn aus dem Weinberg hinaus und brachten ihn um. (Lk20,9-15a)

---

[24] LOHFINK Gerhard: Jetzt verstehe ich die Bibel. S 65

[25] *Parabel* ist ein zu einer Erzählung ausgeweitetes Gleichnis mit unerwartetem Schluss.

Bis hierher folgt die Geschichte den Regeln des Gleichnisses. Die Anfangssequenz: *Ein Mann legte einen Weinberg an ...* ist den Zuhörern vertraut. Damit wird klargestellt, dass es nicht ein bestimmter Mann ist, der einen Weinberg besaß, sondern dass er als Symbolfigur für eine Geschichte dient. Auch die folgende Sequenz, worin sich Jesus an die Zuhörer wendet und mit ihnen gemeinsam die Sanktionen für die Winzer aushandelt, gehört zu den üblichen Auflösungen eines Gleichnisses:

Was aber wird nun der Besitzer des Weinberges mit ihnen tun? Er wird kommen und diese Winzer töten und den Weinberg anderen geben. (Lk20 15b-16a)

Diese Lösung liegt nahe, und zwar nach dem natürlichen Rechtsempfinden und nach der Gesetzgebung des Alten Testamentes. Doch die Zuhörer, die sehr wohl begriffen haben, wen er mit den Winzern meint, wehren sich:

Als sie das hörten, sagten sie: Das darf nicht geschehen! Da sah Jesus sie an und sagte: Was bedeutet das Schriftwort: Der Stein, den die Bauleute verworfen haben, er ist zum Eckstein geworden! (Jes5,1f) Jeder, der auf diesen Stein fällt, wird zerschellen; auf wen der Stein aber fällt, den wird er zermalmen. (Lk20,17,18)

Mit diesen Worten, die er aus dem Alten Testament zitiert, legt er noch „eins drauf". Zwar spricht er in verhüllender, bildlicher Sprache, doch ist es für die Zuhörer ein Leichtes, die dahinter verborgene Mitteilung herauszuhören. Jesus warnt die Verantwortlichen vor den Folgen ihrer Absichten. Er weiß, dass sie ihm nach dem Leben trachten und gibt ihnen im Gleichnis zu verstehen, dass er sie durchschaut hat. Wenn sie aber glauben, dass sie ihn töten könnten, ohne dass sie irgendwelche Folgen zu befürchten hätten, dann irren sie sich gewaltig. Doch die Schriftgelehrten und Hohenpriester bleiben unbelehrbar:

Die Schriftgelehrten und die Hohenpriester hätten ihn gern noch in derselben Stunde festgenommen; aber sie fürchteten das Volk. Denn sie hatten gemerkt, dass er sie mit diesem Gleichnis meinte. (Lk20, 19)

Daher lauerten sie ihm auf und schickten Spitzel, die sich fromm stellen und ihn bei einer (unüberlegten) Antwort ertappen sollten. Denn sie wollten ihn der Gerichtsbarkeit des Statthalters übergeben. Die Spitzel fragten ihn: Meister, wir wissen, dass du aufrichtig redest und lehrst und nicht auf die Person siehst, sondern wirklich den Weg Gottes lehrst. Ist es uns erlaubt, dem Kaiser Steuern zu zahlen oder nicht? Er aber durchschaute ihre Hinterlist und sagte zu ihnen: Zeigt mir einen Denar! Wessen Bild und Aufschrift sind darauf? Sie antworteten: Die des Kaisers. Da sagt er zu ihnen: Dann gebt dem Kaiser, was dem Kaiser gehört, und Gott, was Gott gehört! So gelang es ihnen nicht, ihn öffentlich bei einem (unüberlegten) Wort zu ertappen. Sie waren von seiner Antwort sehr überrascht und schwiegen. (Lk20,20-26)

„Ist es uns erlaubt, dem Kaiser Steuer zu zahlen oder nicht?"

Mit dieser Frage stellen sie ihm eine Falle, aus der er sich ihrer Meinung nach unmöglich befreien kann. Sagt er, man dürfe dem Kaiser Steuern zahlen, dann anerkennt er die politische Vorherrschaft Roms und wird seinem eigenen Volk untreu.

Sagt er, dass man es nicht dürfe, dann könnte man ihn als Aufständischen gegenüber der römischen Amtsgewalt festnageln, womit sie ihn jederzeit in der Hand hätten. Doch Jesus durchschaut ihre Pläne. Auch ohne übernatürliche Einsicht war das leicht zu schaffen. Die Art wie er ihre Pläne durchkreuzt, ist allerdings faszinierend. Zunächst stellt er sich dumm und verlangt von ihnen eine Steuermünze.

Und jetzt tappen sie selbst in die Falle. Jedes Kind weiß damals, dass Abbildungen gegen das erste der zehn Gebote verstoßen, die Gott am Berg Sinai Moses übergeben hat[26]. Doch bereitwillig holen sie eine Steuermünze hervor und zeigen sie Jesus. Dann setzt er noch eins drauf indem er fragt, wer auf der Steuermünze abgebildet ist. Darauf sie:

---

[26] Ex 20,4

der Kaiser. In diesem Augenblick spüren wir fast das Knistern, das aus der angespannten Situation entsteht; wie sie wütend werden über sich selbst, weil sie ihm blindlings in die Falle getappt sind. Jesus aber bleibt ruhig. Er feiert nicht seinen Triumph, sondern gibt ihnen zu verstehen, dass die politische Wirklichkeit unsere menschlichen Kräfte einfordert, Gott aber unsere geistigen und übernatürlichen. Seine Antwort:

Gebt dem Kaiser, was des Kaisers ist, gebt aber Gott, was Gottes ist ... ist im Grunde eine unübertroffene Formulierung. Alles, was sich dazu erklären ließe, kann nur Einschränkung und Abschwächung bedeuten.

Eine andere Geschichte, die in dieselbe Kerbe schlägt, finden wir bei Johannes:

Am frühen Morgen begab er sich wieder in den Tempel. Alles Volk kam zu ihm. Er setzte sich und lehrte es. Da brachten die Schriftgelehrten und die Pharisäer eine Frau, die beim Ehebruch ertappt worden war. Sie stellten sie in die Mitte und sagten zu ihm: Meister, diese Frau wurde beim Ehebruch auf frischer Tat ertappt. Mose hat uns im Gesetz vorgeschrieben, solche Frauen zu steinigen. Nun, was sagst du? Mit dieser Frage wollten sie ihn auf die Probe stellen, um einen Grund zu haben, ihn zu verklagen. Jesus aber bückte sich und schrieb mit dem Finger auf die Erde. Als sie hartnäckig weiterfragten, richtete er sich auf und sagte zu ihnen: Wer von euch ohne Sünde ist, der werfe als erster einen Stein auf sie. Und er bückte sich wieder und schrieb auf der Erde. Als sie seine Antwort gehört hatten, ging einer nach dem anderen fort, zuerst die Ältesten. Jesus blieb allein zurück mit der Frau, die noch in der Mitte stand. Er richtete sich auf und sagte zu ihr: Frau, wo sind sie geblieben? Hat keiner dich verurteilt? Sie antwortete: Keiner, Herr. Da sagte Jesus zu ihr: Auch ich verurteile dich nicht. Geh und sündige von jetzt an nicht mehr. (Joh 8,2b-11)

Diesmal sind die „Fallensteller" ganz sicher, dass sie Jesus „erwischen". Sie bringen den Köder, Das heißt die

Ehebrecherin, eigenhändig her und stellen sie vor Jesus hin. Jetzt muss er eindeutig reagieren, so denken sie. Doch Jesus lässt sie auflaufen. Ohne Hast, in völliger Ruhe beugt er sich nieder und schreibt in den Sand. Was er in den Sand schreibt? Wir wissen es nicht. Doch sind viele Prediger der Ansicht, dass es die Vergehen waren, derer sich die einzelnen Ankläger schuldig gemacht hatten.

Wieder einmal erweist sich Jesus als Meister der Menschenführung: weder weist er ihr Ansinnen zurück, noch belehrt er sie, sondern zieht die Ankläger, die naturgemäß über der Situation zu stehen meinen, in das Geschehen hinein. Das ist alles, was er tut. Doch ändert sich damit die gesamte Situation auf eine völlig überraschende und unerwartete Weise. Ich habe oft darüber nachgedacht, ob die Menschen von heute, nicht doch zu Steinen greifen würden, und zwar im „Bewusstsein" ihrer eigenen Tadellosigkeit?

Oder würde sie die Formulierung: „Der werfe als *erster* den Stein!", vielleicht daran hindern? Schließlich will man in einer Gruppe doch nicht auffallen.

Jesus ist gütig und verständnisvoll. Oft und oft hat er das bewiesen. Und das Bild, das in der heutigen Öffentlichkeit von ihm bewahrt wird, trägt deutlich diese Züge. Aber er ist kein „Harmonisierer" um jeden Preis. Das heißt mit anderen Worten, dass er, wenn es um die Wahrheit geht, um SEINE WAHRHEIT DER LIEBE, immer wieder zwischen die Fronten gerät. Die Haltung, es gibt eure und meine Wahrheit und das Beste wäre, wir würden friedlich nebeneinander weiter gehen, diese Haltung kann Jesus nicht nachgesagt werden.

Frieden um jeden Preis! Das gehört nicht zur Grundbotschaft seines Lebens.

Ich bin gekommen, um Feuer auf die Erde zu werfen. Wie froh wäre ich, es würde schon brennen! Ich muss mit einer Taufe getauft werden, und ich bin sehr berückt, solange sie nicht vollzogen ist. Meint ihr, ich sei gekommen, Frieden auf die Erde zu bringen? Nein, ich sage euch, nicht Frieden, sondern Spaltung. (Lk 12,49-51)

Jesus ist seinem Auftrag verpflichtet, ohne Wenn und Aber. Doch er beginnt seine Überzeugungsarbeit zunächst sehr behutsam; auch im Hinblick auf den Glauben und die Denkweise der Pharisäer und Schriftgelehrten. Schließlich ist es ihnen darum zu tun, den Jahwe-glauben zu bewahren und zu vertiefen. Immer wieder bemühen sie sich in ihren theologischen Diskussionen um die Erkenntnis der göttlichen Wahrheit, die in den Schriften der Thora[27] und der Propheten verborgen ist.

Und den Ernst und den Eifer, mit dem sie das tun, akzeptiert Jesus. Sonst würde er nicht immer wieder betonen, dass die Leute das tun sollen, was sie sagen. Aber, und nun kommt das große ABER – Doch lassen wir Matthäus darüber berichten:

Darauf wandte sich Jesus an das Volk und an seine Jünger und sagte: Die Schriftgelehrten und Pharisäer haben sich auf den Stuhl des Moses gesetzt. Tut und befolgt also alles, was sie euch sagen, aber richtet euch nicht nach dem, was sie tun; denn sie reden nur, tun selbst aber nicht, was sie sagen. Sie schnüren schwere Lasten zusammen und legen sie den Menschen auf die Schultern, wollen selber aber keinen Finger rühren, um die Lasten zu tragen. (Mt 23,1-5)

Immer eindringlicher wird er in der Aufzählung ihrer Versäumnisse, klagt sie an und droht ihnen Konsequenzen für ihr Verhalten an. Doch die Strafen, die sie zu erwarten haben, werden nicht von ihm, von Jesus verfügt, sondern sind die *notwendige* Folge ihres verkehrten Lebens. Jesus ist und bleibt ihr menschlicher Anwalt, auch wenn es auf den ersten Blick so aussehen mag, als wäre er ihr mitleidloser Ankläger.

In einer langen Rede fasst Matthäus zusammen, was wahrscheinlich in vielen Einzelgesprächen thematisiert wurde. Die geistigen Klammern herauszuarbeiten, die dieser

---

[27] Fünf Bücher Moses: Genesis, Exodus, Levitikus, Numeri, Deuteronomium

großen Rede zugrunde liegen, erscheint mir dabei als vordringlichste Aufgabe: Zu allererst wird deutlich, dass er ihre mangelnde Konsequenz zwischen dem, was sie sagen, und dem, was sie tun, aufs Korn nimmt. Im Rahmen der sieben Wehrufe, werden sie sechsmal als Heuchler angesprochen und nur einmal als blinde Führer. Damit wird ihre Verantwortlichkeit eingefordert; aus der sie Jesus im Bereich des Geistigen und des Religiösen nicht entlassen kann, selbst wenn er wollte.

Weh euch, ihr seid blinde Führer! Ihr sagt: Wenn einer beim Tempel schwört, so ist das kein Eid; wer aber beim Gold des Tempels schwört, der ist an seinen Eid gebunden. Ihr blinden Narren! Was ist wichtiger: das Gold oder der Tempel, der das Gold erst heilig macht?

Auch sagt ihr: Wenn einer beim Altar schwört, so ist das kein Eid; wer aber bei dem Opfer schwört, das auf dem Altar liegt, der ist an seinen Eid gebunden. Ihr Blinden! Was ist wichtiger: das Opfer oder der Altar, der das Opfer erst heilig macht? Wer beim Altar schwört, der schwört bei ihm und bei allem, was darauf liegt. Und wer beim Tempel schwört, der schwört bei ihm und bei dem, der darin wohnt. Und wer beim Himmel schwört, der schwört beim Thron Gottes und bei dem, der darauf sitzt. (Mt 23,16-22)

Zweifellos fangen wir heute mit der Praxis des Schwörens zur Bestätigung einer Vereinbarung oder einer Sache nicht mehr viel an – dazu haben wir schriftliche Verträge, und die entsprechenden gesetzlichen Regelungen, die uns entlasten.

Dennoch ist dieser Text sehr aufschlussreich, weil er in einem uns fremden Bereich unmissverständlich klarstellt, was Sache ist.

Die Pharisäer können Jesus einiges vorwerfen, aber, dass er undeutlich argumentiert, gewiss nicht. Ja, er geht sogar so weit, dass er ihre Kleidermode attackiert, die sie aus scheinbar religiösen Motiven wählen, oder ihre Kleinlichkeit bei der Einhaltung von unwesentlichen Gesetzen:

Weh euch, ihr Schriftgelehrten und Pharisäer, ihr Heuchler! Ihr gebt den Zehnten von Minze und Dill und Kümmel und lasst das Wichtigste im Gesetz außer Acht: Gerechtigkeit, Barmherzigkeit und Treue. Man muss das eine tun, ohne das andere zu lassen. Blinde Führer seid ihr: ihr siebt Mücken aus und verschluckt Kamele. (Mt 23,23-24)

Jesus, der Wortgewaltige! Seine Bilder treffen! Und ich bin fast sicher, dass einige Zuhörer ein Lächeln kaum unterdrücken konnten, wenn Jesus solche Sprachbilder einsetzte.

Jesus will die Pharisäer und Schriftgelehrten aufrütteln. Er will ihnen keine Ausflüchte zugestehen, häuft Bild auf Bild und greift sie an und dreht sie wie Handschuhe um, wenn sie sich in Selbstgefälligkeit und Anmaßung ergehen.

Weh euch ihr Schriftgelehrten und Pharisäer, ihr Heuchler! Ihr errichtet den Propheten Grabstätten und schmückt die Denkmäler der Gerechten und sagt dabei: Wenn wir in den Tagen unserer Väter gelebt hätten, wären wir nicht wie sie am Tod der Propheten schuldig geworden. Damit bestätigt ihr selbst, dass ihr die Söhne der Prophetenmörder seid. Macht nur das Maß der Väter voll! Ihr Nattern, ihr Schlangenbrut! Wie wollt ihr dem Strafgericht der Hölle entrinnen? (Mt 23,29-33)

Sich selbst von den Taten der Väter distanzieren, weil man glaubt, etwas Besseres zu sein! Mit dieser Haltung kommen sie bei Jesus nicht durch. Ganz im Gegenteil! Niemand von uns kann in Wahrheit sicher sein, ob wir unter bestimmten Umständen nicht so handeln würden, wie wir es früher strikt abgelehnt hätten. Auch können wir nicht voraussagen, ob wir in zukünftigen extremen Situationen eine heldenhafte Haltung bewahren werden. Das wäre geistiger Hochmut.

Und um geistigen Hochmut geht es hier im Hinblick auf die Vergangenheit und um Heuchelei im Augenblick, weil die religiösen Führer eigentlich längst beschlossen haben, diesen unbequemen Störenfried im Namen des Gesetzes zu beseitigen. Und Jesus sagt ihnen das auf den Kopf zu.

Wenn man diese Rede unvorbereitet liest, dann könnte man meinen, dass Jesus ziemlich hart umspringt mit Menschen, die sicher ihre Gründe haben, warum sie so und nicht anders reagieren. So wie jeder von uns haben sie ein Recht auf ihre eigenen Vorstellungen und Überzeugungen, und man könnte meinen, dass sie von Jesus zu Unrecht angegriffen werden. Das mag auf den ersten Blick stimmen.

Doch bei genauerem Hinschauen stellen wir fest, dass es hier nicht um ihre Überzeugungen geht, sondern um die Umsetzung ihrer eigenen Dogmen. Die Diskrepanz zwischen ihren eigenen Worten und ihren Taten wird von Jesus angegriffen und nicht ihre geistig religiöse Haltung. Das heißt im Klartext: Es geht um das öffentlich politische Handeln der Führungsschicht.

Mag es auch eine komponierte Rede sein – die steigende Intensität, mit der Jesus die Herzen der Zuhörer gewinnen will, ist unverkennbar. Hinter seinen Angriffen steht – man könnte fast sagen - sein verzweifelter Wunsch, ihre Haltung doch noch aufzubrechen.

Jerusalem, Jerusalem, du tötest die Propheten und steinigst die Boten, die zu dir gesandt sind. Wie oft wollte ich deine Kinder um mich sammeln, so wie eine Henne ihre Küken unter die Flügel nimmt; aber ihr habt nicht gewollt. Darum wird euer Haus (von Gott) verlassen. (Mt23,37-38)

Jesus leidet unter der unbeugsamen Haltung der Führer seines Volkes. Selbst seine harten Worte sind in seiner Liebe zu seinem Volk begründet, das nicht gerettet werden will.

Darum wird euer Haus (von Gott) verlassen werden.

Der Tempel von Jerusalem, worin sich Gott in einer besonderen Weise „niedergelassen hat", wird ein anderes Mal zum Zeugen einer ungewöhnlichen Reaktion von Jesus. Fast jeder von uns kennt die Überlieferung, wonach er eines Tages die Händler und Kaufleute aus dem inneren Tempelhof verjagt:

Das Paschafest der Juden war nahe, und Jesus zog nach Jerusalem hinauf. Im Tempel fand er die Verkäufer von Rindern, Schafen und Tauben und die Geldwechsler, die dort saßen. Er machte eine Geißel aus Stricken und trieb sie alle aus dem Tempel hinaus, dazu die Schafe und Rinder; das Geld der Wechsler schüttete er aus, und ihre Tische stieß er um. Zu den Taubenhändlern sagte er: Schafft das hier weg, macht das Haus meines Vaters nicht zu einer Markthalle. Seine Jünger erinnerten sich an das Wort der Schrift: Der Eifer für dein Haus verzehrt mich. (Joh 2,13-22)

Wieder geht es um ganz praktische Dinge. Jesus zieht nicht als abgehobener Philosoph durch die Lande, der seine Lehre verkündet und Anhänger um sich schart, die seinen Worten Glauben schenken, sondern er bringt sich ein. Oder anders ausgedrückt: er mischt sich immer wieder ein, auch in ganz banal scheinende Dinge, die gar nicht mehr auffallen oder längst als gewohnter Missstand akzeptiert sind. Wen kümmert es, dass die Händler den ganzen Tempelbezirk für sich erobert haben? Das ist einfach so. Warum soll man sich darüber aufregen? Aber Jesus regt sich auf! Er kämpft um die Ehre *SEINES VATERS* und, wenn es notwendig ist, mit ungewöhnlichen Mitteln.

Von der Vertreibung der Händler aus dem Tempel berichten alle Evangelisten. Aber es ist nicht mit Sicherheit festzustellen, wann dieses Ereignis wirklich stattfand. Bei den Synoptikern ist es eindeutig in der Zeit zwischen dem Palmsonntag und dem Gründonnerstag einzuordnen. Bei Johannes unmittelbar nach seinem ersten *Zeichen* bei der Hochzeit zu Kanaan. Ist es in der Karwoche geschehen, dann gehört die Demonstration seines Unwillens bereits zu seinen testamentarischen Verfügungen. Ist es früher geschehen, dann gehört es zu seinen wiederholten Versuchen, die Verantwortlichen aufzurütteln. In beiden Fällen tritt er für die Heiligkeit des Tempels ein: furchtlos und mutig, obwohl er weiß, dass er mit dieser Aktion die Pharisäer und Schriftgelehrten noch mehr gegen sich aufbringt.

So lesen wir bei Lukas:

> *Dann ging er in den Tempel und begann die Händler hinauszutreiben. Er sagte zu ihnen: In der Schrift steht:* Mein Haus soll ein Haus des Gebetes sein. *Ihr aber habt daraus eine Räuberhöhle gemacht. Er lehrte täglich im Tempel. Die Hohenpriester, die Schriftgelehrten und die übrigen Führer des Volkes aber suchten ihn umzubringen. Sie wussten jedoch nicht, wie sie es machen sollten, denn das ganze Volk hing an ihm und hörte ihn gerne. (Lk 19, 45- 48)*

So ganz ohne positive Wirkung blieb es sicher nicht, als Jesus im Tempel Ordnung machte. Für die einfachen Leute, denen er sich immer wieder zuwendet, den sie als mitfühlenden „Heiler" erleben, hatte die Aktion mit den Händlern sicher ein eigenes Gewicht. Jesus, den viele für einen Propheten oder sogar als den erwarteten „Sohn Davids", für ihren Retter halten, darf das, und wahrscheinlich bewunderte man ihn dafür.

Jesus der erwartete Messias?

Dreimal sagt Jesus sein Leiden und seine Auferstehung voraus. Eine dieser Voraussagen erfolgt in der Gegend von Cäsarea Philippi, wo er seine Jünger fragt, was die Leute über ihn denken.

Als Jesus in das Gebiet von Cäsarea Philippi kam, fragte er seine Jünger: Für wen halten die Leute den Menschensohn? Sie sagten: Die einen für Johannes den Täufer, andere für Elija, wieder andere für Jeremia oder sonst einen Propheten. (Mt16,13-14)

Menschen werden unsicher, wenn sie mit Außergewöhnlichem konfrontiert werden. Wir suchen nach Erklärungen für das Unfassbare und bemühen uns, das Geschehen in unsere bisherige Lebenserfahrung einzuordnen, damals wie heute. Um dieser Unsicherheit zu entgehen legen sich die Leute, die Zeugen der erstaunlichen *Werke* und *Zeichen*[28] von Jesus sind, sehr bald Erklärungen zurecht[29]. Propheten kennen sie. Damit können sie umgehen. Auch gibt es eine jüdische Tradition, die daran festhält, dass Elias nicht gestorben, sondern in einem Wagen zum Himmel aufgefahren sei und daher jederzeit wiederkommen könne.[30] Als Jesus die Frage:

---

[28] Die außergewöhnlichen Taten von Jesus werden bei Matthäus, Lukas und Markus *Werke* genannt, bei Johannes, *Zeichen*.

[29] *Cäsarea Philippi* liegt in unmittelbarer Nachbarschaft der Jordanquelle, die anders als bei uns, als wasserreicher Strahl aus den Tiefen der Erde strömt. Umgeben von Felsen und unwirtlicher Natur bahnt sich der Jordan seinen Weg mit unwiderstehlicher Gewalt. Vor diesem Hintergrund beruft Jesus Simon Petrus zum Oberhaupt seiner Kirche, indem er die Naturgewalten als symbolische Bilder für die zerstörerischen geistigen Kräfte wirken lässt.

[30] Mal 3,23-24; Siehe, ich will euch senden den Propheten Elia, ehe der große und schreckliche Tag des HERRN kommt. Der soll das Herz der Väter bekehren zu den Söhnen und das Herz der Söhne zu ihren Vätern, auf dass ich nicht komme und das Erdreich mit dem Bann schlage.

Ihr aber, für wen haltet ihr mich?

an seinen innersten Kreis, an seine Jünger richtet, gibt ihm Simon Petrus die Antwort:

> *Du bist der Messias, der Sohn des lebendigen Gottes! Jesus sagte zu ihm: Selig bist du, Simon Barjona, denn nicht Fleisch und Blut haben dir das offenbart, sondern mein Vater im Himmel. (Mt16,16-17)*

Obwohl Jesus Simon für seine Antwort lobt, lässt er keinen Zweifel daran, dass dieses Wissen von *seinem Vater im Himmel* kommt. Und dennoch! Simon verlässt das sichere Feld der allgemeinen Überzeugung und muss sich dem inneren Erkennen öffnen.

Vielleicht ist Jesus ein bisschen aufgeregt und nervös, bevor er seinen Zwölf diese Frage stellt, die den Kern, das innerste Wesen seines Auftrags berührt. Doch Simon bewährt sich und wird für seine Antwort belohnt:

> *Ich sage dir: Du bist Petrus, und auf diesen Felsen werde ich meine Kirche bauen, und die Mächte der Unterwelt werden sie nicht überwältigen. (Mt16,17-18)*

Seine Berufung macht Simon zum Felsen, auf dem Jesus seine Kirche bauen will: eine Kirche, die standhält, der die Macht der Vergänglichkeit und des Todes nichts anhaben kann.

Damit holt er Simon Petrus ganz nahe an sich heran und nimmt ihn hinein in seinen göttlichen Auftrag. Ja, er geht noch weiter und übergibt ihm die Verantwortung für sein Lebenswerk, indem er weiter ausführt:

> *Ich werde dir die Schlüssel des Himmelreichs geben; was du auf Erden binden wirst, das wird auch im Himmel gebunden sein, und was du auf Erden lösen wirst, das wird auch im Himmel gelöst sein. (Mt16,19)*

Ob Simon Petrus im Augenblick begriffen hat, was dieser Auftrag bedeutet? Wahrscheinlich nicht wirklich.

Ob wir es *begreifen* können oder wollen, heute?

Meistens sehen wir nur die äußere Hülle dieser menschlich verkleideten Kirche. Wir bemerken den Putz, der abblättert und wenden uns ab von dem unschönen Gebäude. Zu viel ist passiert während der letzten zweitausend Jahre. Päpste und Bischöfe kamen und gingen. Manche von ihnen waren große Gestalten: Heilige und Märtyrer. Doch finden sich unter ihnen auch sehr schwache und gleichgültige Männer, deren Wirken fragwürdiger sein kann als die Taten jener, die ihre persönlichen Interessen skrupellos verfolgen. Wenn Kirchenmänner ihren Lastern nachgeben, dann befinden sie sich in offenem Widerspruch zur Lehre Jesu, und diese Tatsache wird sie ihr ganzes Leben nicht loslassen:

Wer an seinem Leben hängt, verliert es, wer aber sein Leben in dieser Welt geringachtet, wird es bewahren bis ins ewige Leben. Wenn einer mir dienen will, folge er mir nach; wo ich bin, dort wird auch mein Diener sein. Wenn einer mir dient, wird der Vater ihn ehren. (Joh 12, 25-26).

Und an anderer Stelle heißt es:

Wer meine Worte nur hört und sie nicht befolgt, den richte ich nicht; denn ich bin nicht gekommen, die Welt zu richten, sondern um sie zu retten. Wer mich verachtet und meine Worte nicht annimmt, der hat schon seinen Richter: Das Wort das ich gesprochen habe, wird ihn richten am Letzten Tag. Denn was ich gesagt habe, habe ich nicht aus mir selbst, sondern der Vater, der mich gesandt hat, hat mir aufgetragen, was ich sagen und reden soll. (Joh 12,47-49)

Angesichts der klaren Ideale unserer Religion, müssen sich Amtsträger wie auch einfache Christen Mühe geben, um ihr widersprüchliches Leben vor sich selbst zu maskieren.

Doch das innere Leben der Kirche hängt nicht von der menschlichen und seelischen Größe ihrer Mitglieder ab, weil es allein auf Christus, *dem Eckstein, den die Bauleute verworfen haben*[31] ruht. Das müssten wir immer vor Augen haben, wenn wir von unseren Amtsträgern enttäuscht werden, weil sie ein Verhalten an den Tag legen, das schon in der so genannten „normalen" Gesellschaft untragbar ist. Vieles habe wir in den letzten Jahren erleben müssen, und oft ist unsere Bereitschaft, an unser christliches Ideal zu glauben, schwer unter Druck geraten. Wir leiden unter den Vorkommnissen der Vergangenheit und der Gegenwart und können nur weiter aushalten und Gott bitten, dass ER in seiner Weise hilft, die Sümpfe auszutrocknen, sodass die Mühen der guten und treuen Arbeiter trotzdem Früchte tragen.

Derselbe Simon Petrus, der Held der ersten Stunde, wird uns, am Abend der Gefangennahme Jesu recht kläglich und reuevoll begegnen, wenn er trotz der Warnung genau das tut, was er um keinen Preis der Welt tun wollte[32].

Die Tatsache, dass Petrus seine enge Beziehung zu Jesus leugnet, um nicht selbst in Gefahr zu geraten, ist sprichwörtlich geworden und in „Christenkreisen" ein allzu bekanntes Faktum. Oft benutzt, um eigene Fehler und Unzulänglichkeiten zu entschuldigen. Dabei wird aber leicht übersehen, wie tief er sein Versagen bereut. Die Evangelien berichten darüber unmissverständlich und beschreiben uns in der Gestalt des Petrus einen jüdischen Mann, der *bitterlich weint* über seine Schwäche und mehr noch über seine verleugnete Liebe. Wir sind sicher nicht in der Lage zu begreifen, was damals zwischen Petrus und Jesus wirklich passierte.

Doch fasziniert uns noch heute das bedingungslose Vertrauen, das Jesus trotz aller Fehler und Schwächen in den Menschen Petrus setzt.

Simon, Simon, der Satan hat verlangt, dass er euch wie Weizen sieben darf. Ich aber habe für dich gebetet, dass

---

[31] nach Lk 20,17b
[32] Lk 22,31-34; Lk22,54-62

dein Glaube nicht erlischt. Und wenn du dich wieder be-
kehrt hast, dann stärke deine Brüder. Darauf sagte Pet-
rus zu ihm: Herr, ich bin bereit, mit dir sogar ins Gefäng-
nis und in den Tod zu gehen. Jesus erwiderte: Ich sage
dir, Petrus, ehe der Hahn kräht, wirst du dreimal leug-
nen, mich zu kennen. (Lk22,31-34)

Jesus betet für ihn. Nicht, um seine Schwäche abzufangen,
um ihn erst gar nicht stürzen zu lassen, nein, er betet darum, dass sein Glaube nicht erlischt.

Doch welche Art Glaube ist damit gemeint?

Der Glaube an ihn, an seinen Herrn und Meister, oder der
Glaube an sich selbst?

Wahrscheinlich beides. Wenn wir von Letzterem ausgehen,
dann erweist sich Jesus als moderner Psychologe, der weiß,
was es bedeutet, im Sturz, im Versagen, das Selbstver-
trauen nicht ganz zu verlieren, um danach wieder weiter-
machen zu können.[33]

Auch legt der Satz, u*nd wenn du dich wieder bekehrt hast,*
dann stärke deine Brüder! (Lk22,32b) eine psychologische
Erklärung nahe. Denn wir wissen aus eigener Erfahrung
um die Kraft, die uns aus überwundenen Schwierigkeiten
zufließt. Allerdings ist damit auch der Auftrag verbunden,
unsere Kraft den Anderen, unseren Brüdern und Schwestern – die nach damaligem Sprachgebrauch in dieser Formulierung immer eingeschlossen sind – weiterzugeben.

Ein kleines Detail am Rande. Am Anfang dieses Berichtes
nennt ihn Jesus bei seinem familiären Vornamen: *Simon.*
Als er ihm voraussagt, dass er ihn verleugnen werde, nennt
er ihn *Petrus, den Fels.* Eine merkwürdige Umkehrung der
Namensgebung oder doch nicht?

Im Evangeliumstext nach dem Messiasbekenntnis werden
wir abermals Zeugen eines Gespräches, bzw. zu Zeugen

---

[33] Vgl. KARST Verena: *Die Krise als Chance*, in: ROEKLEIN Hannelore (Hg.):
Welträtsel Mensch, S. 106

einer Auseinandersetzung zwischen Jesus und Petrus. In diesem Fall geht es um Jesus selbst und sein zukünftiges Schicksal.

Von da an begann Jesus, seinen Jüngern zu erklären, er müsse nach Jerusalem gehen und von den Ältesten, den Hohenpriestern und den Schriftgelehrten vieles erleiden; er werde getötet werden, aber am dritten Tag werde er auferstehen. Da nahm Petrus ihn beiseite und machte ihm Vorwürfe; er sagte: Das soll Gott verhüten, Herr! Das darf nicht mit dir geschehen! Jesus aber wandte sich um und sagte zu Petrus: Weg mit dir, Satan, geh mir aus den Augen! Du willst mich zu Fall bringen; denn du hast nicht das im Sinn, was Gott will, sondern was die Menschen wollen. (Mt 16,21-23)

Es sind harte Worte, die hier fallen, und wir können uns leicht vorstellen, wie Petrus verletzt und irritiert zurückweicht. Was hat er so Furchtbares gesagt, dass ihn Jesus so abkanzelt, ja ihn sogar Satan nennt? Petrus kann sich ja nicht einmal im Traum vorstellen, dass so etwas möglich ist!

Wir verstehen Petrus nur allzu gut und tun uns genauso schwer mit der Tatsache, dass Jesus seinem furchtbaren Schicksal wissend entgegengeht.

Doch wir sehen alles schon im Licht der Auferstehung und können die spätere Entwicklung miteinbeziehen. Für Petrus und die Jünger ist es aber das erste Mal, dass sie mit dem tatsächlichen Auftrag ihres Meisters konfrontiert werden. Diesen Unterschied müssen wir unbedingt im Auge behalten. Und die Reaktion von Jesus wird ebenfalls verständlich, wenn man bedenkt, dass er ganz Mensch war und damit den Widerstand seiner Natur genauso niederzwingen muss wie wir. Wie sehr ihn die Worte des Petrus irritieren und für seinen geistigen Kampf gefährlich werden können, geht ganz klar aus der Formulierung hervor:

Du willst mich zu Fall bringen! (Mt 16,23b)

Noch viele Fäden vernetzen sich im Text dieses Evangeliums. So kann man aus der Art, wie Petrus Jesus *beiseite nimmt,* auch einiges ablesen. Petrus kann und darf offensichtlich anders mit ihm reden als die übrigen Apostel. Vielleicht ist er als Älterer dem jüngeren Meister in praktischen Dingen manchmal überlegen. Auch war Jesus oft Gast in seinem Haus, was naturgemäß ihre Beziehung mitgeformt hat. Es ist daher kaum verwunderlich, dass Petrus Jesus im Vieraugengespräch *Vorwürfe machen* darf.

Was wirklich überrascht, ist die Härte, mit der Jesus auf die zweifellos gut gemeinten Vorwürfe reagiert. Einer Härte, die seinen eigenen inneren Kämpfen entspringt, die am Ölberg ihren schmerzlichen Höhepunkt erreichen werden.

PASSION JESU

Einzug in Jerusalem

Sagt der Tochter Zion: Siehe, dein König kommt zu dir. Er ist friedfertig, und er reitet auf einer Eselin und auf einem Fohlen, dem Jungen eines Lasttieres. (Jes62,11) Die Jünger gingen und taten, was Jesus ihnen aufgetragen hatte. Sie brachten die Eselin und ihr Fohlen, legten ihre Kleider auf sie, und er setzte sich darauf. Viele Menschen breiteten ihre Kleider auf der Straße aus, andere schnitten Zweige von den Bäumen und streuten sie auf den Weg. Die Leute aber, die vor ihm hergingen und die ihm folgten, riefen: Hosanna dem Sohn Davids! Gesegnet, sei er, der kommt im Namen des Herrn. Hosanna in der Höhe! Als er in Jerusalem einzog, geriet die ganze Stadt in Aufregung, und man fragte: Wer ist das? Die Leute sagten: Das ist der Prophet Jesus von Nazareth in Galiläa. (Mt21, 6-11)*

Am Beginn seines Leidensweges sehen wir Jesus als ungekrönten König in Jerusalem einziehen. Im Grunde ein ziemlich seltsamer Triumphzug!

Jesus reitet auf einem Esel, dem Lasttier schlechthin, das von keinem König der Welt als Reittier benutzt worden wäre, es sei denn, er wollte sich lächerlich machen. Auf der anderen Seite jubeln ihm die Leute zu, und rufen ganz laut:

Hosanna dem Sohn Davids! Gesegnet, sei er, der kommt im Namen des Herrn. Hosanna in der Höhe!

Sie streuen ihm Zweige, die sie sonst nur auf ihrem Pilgerweg zum Tempel[34] mit sich tragen und breiten ihre Kleider aus, damit er darüber hinweg reite. Widersprüche, wohin man schaut. Und dazu kommt, dass alles unter den Augen der religiösen und weltlichen Obrigkeit geschieht.

Wenn wir die Sensibilität der Römer gegenüber allem, was nur im Entferntesten nach Aufruhr und Zusammenrottung des Volkes aussieht, in Betracht ziehen, dann erscheint dieser Einzug in Jerusalem äußerst seltsam, da weit und breit keine Soldaten zu sehen sind, die das Ganze stören und diese „unangemeldete Demonstration" zu verhindern suchen. Entweder ist der ganze Triumphzug eine sehr begrenzte Angelegenheit oder von so eindeutigem Charakter, dass die römische Amtsgewalt locker darüber hinwegschauen kann.

Dass dieser merkwürdige Triumphzug von der Gruppe der Leute, die Jesus entgegenarbeiten, sehr wohl bemerkt und kritisiert wird, davon berichtet uns Lukas.

Da riefen ihm einige Pharisäer aus der Menge zu: Meister, bring deine Jünger zum Schweigen! Er erwiderte: Ich *sage euch:* Wenn sie schweigen, werden die Steine schreien. *(Lk 19,39-40)*

---

[34] Nach BEN CHORIM Schalom: **Bruder Jesus**, S. 141-143, handelt es sich dabei um die Zweige des Laubhüttenfestes, die bei einem Umzug um den Altar geschwungen wurden – dazu wurde der 118. Psalm, Vers 25 rezitiert: *Ach Herr, hilf doch.* (auf Hebräisch „hoschia na" auf Griechisch „hosianna"). Die Synoptiker haben beide Ereignisse: Einzug zum Laubhüttenfest – Entscheidung vor dem Passah, in einen Bericht zusammengezogen, da im Sinne der Rekonstruktion der Ereignisse *der innere Zusammenhang* von Einzug und Entscheidung wesentlicher war als der zeitliche Abstand innerhalb der Ereignisse.

Das **Laubhüttenfest** entspricht unserem Erntedankfest. Es ist am 15. Tag des siebten Monats zu beginnen und sieben Tage lang zu feiern. Ein achter Tag schließt das Fest ab. Dabei werden „Hütten" aus Zweigen gebaut und zur Erinnerung an die Wüstenwanderung der Israeliten familiär benützt.: Denn *„in Laubhütten wohnten die Israeliten während ihres Auszuges aus dem Lande Ägypten"* (Lev 23,43*)* In diesen Laubhütten werden heute Mahlzeiten eingenommen, Gäste empfangen, gefeiert, gebetet und mitunter sogar übernachtet.

Wenn man das alttestamentarische Zitat[35] bei Lukas, dass die Steine schreien werden, in einem größeren Zusammenhang betrachtet, dann liegt die Frage nahe, ob dieser Triumphzug am Palmsonntag nicht mit den Berichten[36] der Epiphanie auf einer Linie liegt.

Diesmal wird Jesus aber nicht verklärt. Keine Stimme aus dem Himmel ist zu hören, nein, diesmal ist es der Mensch Jesus, der die Herzen der Menschen bezwingt und sich bejubeln und feiern lässt.

Über die theologischen Gründe dieses Ereignisses wurde schon viel nachgedacht und geschrieben. Sicher ist nur, dass sich Jesus fast am Ende seiner irdischen Laufbahn, der Begeisterung um seine Person nicht mehr entzieht, wie das früher oft der Fall war[37], sondern es einfach geschehen lässt.

Wir dürfen uns den ersten Sonntag der Karwoche, als Jesus, umgeben von einer begeisterten Menge, auf einem Esel in *SEINE STADT* hinaufreitet, und der in der Frömmigkeit des Volkes für immer den Namen Palmsonntag trägt, nicht strahlend genug vorstellen.

Es ist eine ganz besondere Situation, der sich seine Jünger hier stellen müssen. Doch sind sie schon erfahren im Umgang mit Jesus, mit dem sie schon viel Außergewöhnliches erlebt haben, sodass auch dieser befremdliche Königszug von ihnen akzeptiert werden kann. Wahrscheinlich gingen sie plaudernd und nachdenklich hinter ihm. Die einen mit Kummer im Herzen, weil sie seine Worte nicht vergessen

---

[35] Hab 2,11

[36] Epiphanie (griech. epiphaneia „Erscheinung"; aus epi „über, darauf" und phainesthai „sich zeigen"; im Sinne von „herausragen, sich hervorheben". Allgemeine Bedeutung: unvermutete Erscheinung oder Selbstoffenbarung einer Gottheit. Als Fest der Epiphanie im katholischen Kirchenjahr gilt der 6. Jänner (Fest der Drei Weisen aus dem Morgenland).

Lk 9,28-36/ Mk 9,2-10/ Mt 17,1-9; Die Verklärung Jesus.

[37] Lk 4,40-41; Die Heilung von Besessenen und Kranken

Joh 6,14-15; Die wunderbare Speisung einer Volksmenge am See Tiberias

können, dass er in Jerusalem seinem dunklen Schicksal entgegengehe. Die Anderen beunruhigt und mit Bangen, dass irgendetwas Unvorhergesehenes passieren könnte. Nach logisch menschlichem Ermessen konnte die Sache nicht gut ausgehen.

Doch im Moment scheint alles ganz unerwartet gut zu verlaufen. Der Jubel und die Begeisterung der Menge wird schließlich auch seine Jünger mitreißen, weil ihr geliebter Rabbi endlich die Anerkennung zu bekommen scheint, die ihm in ihren Augen längst zusteht.

Die letzten Tage in Jerusalem

Die drei folgenden Tage verbringt Jesus im Tempel. Doch diesmal macht er reinen Tisch, bevor er zu „arbeiten" beginnt.

Jesus ging in den Tempel und trieb alle Händler und Käufer aus dem Tempel hinaus; er stieß die Tische der Geldwechsler und die Stände der Taubenhändler um und sagte: In der Schrift steht: Mein Haus soll ein Haus des Gebetes sein. *Ihr aber macht daraus eine Räuberhöhle. (Mt21,12-13)*

Harte Worte, wenn man bedenkt, dass hier ein ganzer Wirtschaftszweig angegriffen wird. Wo sollen die notwendigen Opfergaben angeboten werden, wenn nicht hier? Jesus bewegt sich hier auf verbotenem Gelände, zumindest äußerlich. Dass man ihn daraufhin nicht sofort verhaftet, wundert uns noch heute.

Doch die Begeisterung der Menge ist wahrscheinlich noch zu lebendig, um wirkungsvoll gegen ihn vorgehen zu können. Und Aufruhr, den vermeidet auch die jüdische Obrigkeit, um keine unnötigen Konflikte mit den Römern zu provozieren.

Im Tempel kamen Lahme und Blinde zu ihm, und er heilte sie. Als nun die Hohenpriester und die Schriftgelehrten die Wunder sahen, die er tat, und die Kinder im Tempel rufen hörten: Hosanna dem Sohne Davids! da wurden sie ärgerlich und sagten zu ihm: Hörst du, was sie rufen? Da schmettert er sie mit den Worten ab: Ja, ich höre es. Habt ihr nie gelesen: Aus dem Mund der Kinder und Säuglinge schaffst du dir Lob? *Und er ließ sie stehen und ging aus der Stadt hinaus nach Betanien; dort übernachtete er. (Mt21,16/17)*

Sie gehen ihm gründlich auf die Nerven mit ihrer ewigen Kritik. Nie lassen sie ihn in Frieden, und er greift tief in die Kiste des Alten Testaments, um sie zu provozieren, indem er ihnen eine Formulierung aus den Psalmen[38] entgegenhält. Dieser Satz kann ihre Erbitterung ihm gegenüber nur steigern. Handelt es sich doch um einen Psalm, der dem Einzigen, dem Allerhöchsten gewidmet war.

Also wieder Gotteslästerung!

Doch Jesus verweigert jede weitere Diskussion und lässt sie stehen. Er lässt sie stehen und geht. Er geht hinaus zu seinen Freunden nach Betanien. Zu Lazarus vermutlich und seinen Schwestern, wo er endlich ein bisschen Ruhe finden und mit seinen Jüngern übernachten kann.

Als er am nächsten Tag Betanien verließ, hatte er Hunger. Da sah er von weitem einen Feigenbaum mit Blättern und ging hin, um nach Früchten zu suchen. Aber er fand nichts als Blätter, denn es war nicht die Zeit der Feigenernte. Da sagte er zu ihm: In Ewigkeit soll niemand mehr eine Frucht von dir essen und seine Jünger hörten es. (Mk11,12-14)

Wie wir im folgenden Kapitel nachlesen können, verdorrte der Feigenbaum. Als sie am nächsten Morgen an dem Baum vorbeikommen, bemerkt es Petrus und teilt es Jesus mit. Was ist dabei geschehen?

Vielleicht denkt der eine oder andere beim Lesen dieses Textes, dass der Feigenbaum zu Unrecht verdorrte, weil er nichts dafürkonnte, dass die Zeit der Reife noch nicht gekommen war.

Bei genauerem Hinschauen lässt sich aber gerade aus diesem Erlebnis einiges über den damaligen Gemütszustand von Jesus ablesen. Er ist hungrig. Das war sicher öfter der Fall, und es ist kaum anzunehmen, dass er immer sofort etwas Essbares gefunden hat. An einer anderen Stelle wird berichtet, dass Jesus vor seinem öffentlichen Wirken vom Teufel versucht wird und sich nach vierzig-tägigen Fasten

---

[38] Psalm 8,3

weigert, Steine in Brot zu verwandeln, obwohl er damals vielleicht größeren Hunger hatte.

Was ist diesmal anders?

Offensichtlich befindet sich Jesus während dieser Tage in einem sehr angespannten Gemütszustand. Die Angst vor dem, was auf ihn zukommen wird, sucht ihn immer wieder in Wellen heim. Das ist mit Sicherheit anzunehmen, sonst wäre er kein Mensch.

Mit dem Anwachsen der Spannung werden auch die körperlichen Bedürfnisse massiver und drängender. Jeder von uns kennt das und entwickelt Strategien, um dieser Spannung Herr zu werden. Der eine raucht, der andere trinkt, der dritte betreibt Sport. Auf diesem Feld kennen wir uns gut aus. Und Jesus? Er hat Hunger und das Gefühl wird immer drängender, weil die geistigen Kräfte schon unter dem Druck der Angst stehen und abgelenkt sind.

Jesus erwartet vom Feigenbaum Linderung seines Hungers und wird enttäuscht. Diese Enttäuschung bringt seine Selbstbeherrschung zu Fall, und er verflucht den Feigenbaum aus seinem innersten Herzen heraus.

Schwäche und Enttäuschung sind die Ursachen seiner Worte, doch da sie aus *seinem Glauben* heraus gesprochen sind, werden sie sofort wirksam.

Als ihn daher die Jünger fragen, wie es geschehen konnte, dass der Feigenbaum auf seine Worte hin verdorrte, erklärt ihnen Jesus, was es mit dem Glauben, dem wirklichen Glauben auf sich hat.

Amen, das sage ich euch: Wenn jemand zu diesem Berg sagt: Heb dich empor, und stürz dich ins Meer! Und wenn er in seinem Herzen nicht zweifelt, sondern glaubt, dass es geschieht, was er sagt, dann wird es geschehen. Darum sage ich euch: Alles, worum ihr betet und bittet – glaubt nur, dass ihr es schon erhalten habt, dann wird es euch zuteil. (Mk11,23-24)

Ein Ansatz[39] der modernen Psychologie, der hier von Jesus auf eine transzendente Ebene gehoben und sehr glaubwürdig vertreten wird. Wir sollen glauben und vertrauen, dass die Dinge passieren, die wir wünschen. Doch wie man zu einem solchen Vertrauen kommt, das steht auf einem anderen Blatt.

Jesus hat dieses Vertrauen, und daher geschehen die Dinge, die er will, dass sie geschehen, auch wenn es in einer menschlich sehr heiklen Situation einen armen Feigenbaum betrifft.

Jesus ist gekommen, um das Volk Gottes, das auserwählte Volk, zurückzuführen zu seinem Vater.

Dieser Aufgabe widmet sich Jesus während der ganzen Zeit seiner irdischen Wanderjahre. Doch die Verantwortlichen und Würdenträger seiner Zeit widersetzen sich seinem Bemühen. Je mehr und unübersehbarer seine Wundertaten auf das Volk wirken, umso intensiver trachten sie ihn zu beseitigen. Er störte ihre Kreise. Es ist hier nicht der Ort, um die komplizierte Logik der damaligen politisch religiösen Situation zu erörtern. Dazu gibt es eine Reihe von wissenschaftlichen Arbeiten. Der Frage, der hier nachgespürt werden soll, ist: Wie die Ereignisse um Jesus ablaufen!

Und mit dieser Frage sind wir mitten im Geschehen der Passionswoche.

---

[39] Vgl. WATZLAWICK, P.: Anleitung zum Unglücklichsein, S. 60.

Das letzte Abendmahl

Jesus, der weiß, dass ihm seine letzte und schwerste Aufgabe noch bevorsteht, lässt am ersten Tag der Ungesäuerten Brote [40] den Abendmahlsaal anmieten. Doch wie er das macht, zeigt von großer Umsicht.

Jesus schickte Petrus und Johannes in die Stadt und sagte: Geht und bereitet das Paschamahl für uns vor, damit wir es gemeinsam essen können. Sie fragten ihn: Wo sollen wir es vorbereiten? Er antwortete ihnen: Wenn ihr in die Stadt kommt, wird euch ein Mann begegnen, der einen Wasserkrug trägt. Folgt ihm in das Haus, in das er hineingeht, und sagt dem Herrn des Hauses: Der Meister lässt dich fragen: Wo ist der Raum, in dem ich mit meinen Jüngern das Paschalamm essen kann? Und der Hausherr wird euch einen großen Raum im Obergeschoss zeigen, der mit Polstern ausgestattet ist. Dort bereitet alles vor! Sie gingen und fanden alles so, wie er es ihnen gesagt hatte, und bereiteten das Paschamahl vor. (Lk 22,7-13)

Warum Jesus die Anmietung des Raumes so kompliziert angeht? Er weiß, dass Judas schon auf seine Spur angesetzt ist und sucht sie zu verwischen. Hätte er genaue Ortsangaben gemacht, dann wäre sein *Letztes Abendmahl* in Gefahr. Dann wäre es ein Leichtes gewesen, ihn und seine Jünger aus dem geschlossenen Raum heraus und unbemerkt verhaften zu lassen. Was den Mann mit dem Wasserkrug angeht, so muss man davon ausgehen, dass zur Zeit Jesu nur Frauen Lasten auf dem Kopf trugen, und ein Mann mit einem Wasserkrug auf dem Kopf eine auffällige Erscheinung

---

[40] **Das *Fest der Ungesäuerten Brote* ist besser bekannt unter dem Namen:** *Pessach* (auch Pascha oder Passafest genannt). Es gehört zu den Hochfesten im jüdischen Kalender. Das siebentägige Fest erinnert an die Befreiung des Volkes Israel aus der ägyptischen Sklaverei. Für die Juden gilt Pessach als Beleg für eine besondere Beziehung zwischen den Juden und Gott, weil er damals in die Geschichte ihres Volkes eingegriffen habe.

war. Diesem zu folgen und dort, wo er hineingeht, den Saal zu mieten, war die Aufgabe der beiden Jünger. Es wussten daher nur Petrus, Johannes und natürlich Jesus selbst, wo sie am Abend das Osterlamm essen würden. Dadurch schützt sich Jesus und seine Jünger vor der Störung des Mahles, und das mit sehr einfachen Mitteln.

Am Abend, als alle Jünger beisammen sind und bereits essen, steht Jesus auf,

... legte sein Gewand ab und umgürtete sich mit einem Leinentuch. Dann goss er Wasser in eine Schüssel und begann, den Jüngern die Füße zu waschen und mit einem Leinentuch abzutrocknen, mit dem er umgürtet war. Als er zu Simon Petrus kam, sagte dieser zu ihm: Du Herr, willst mir die Füße waschen? Jesus antwortete ihm: Was ich tue, verstehst du jetzt noch nicht; doch später wirst du es begreifen. Petrus entgegnete ihm. Niemals sollst du mir die Füße waschen! Jesus erwiderte ihm: Wenn ich dich nicht wasche, hast du keinen Anteil an mir. Da sagte Simon Petrus zu ihm: Herr, dann nicht nur meine Füße, sondern auch die Hände und das Haupt: Jesus sagte zu ihm: Wer vom Bad kommt, ist ganz rein und braucht sich nur noch die Füße waschen. Als er ihnen die Füße gewaschen, sein Gewand wieder angelegt und Platz genommen hatte, sagte er zu ihnen: Begreift ihr, was ich euch getan habe? Ihr sagt zu mir Meister und Herr, und ihr nennt mich mit Recht so, denn ich bin es. Wenn nun ich, der Herr und Meister, euch die Füße gewaschen habe, dann müsst auch ihr einander die Füße waschen. Ich habe euch ein Beispiel gegeben, damit auch ihr so handelt, wie ich an euch gehandelt habe. Amen, amen, ich sage euch: Der Sklave ist nicht größer als sein Herr, und der Abgesandte ist nicht größer als der, der ihn gesandt hat. (Joh13,4-16)

Hier erweist sich Jesus als Lehrer, der intuitiv eine Methode einsetzt, die erst Jahrhunderte später durch Experimente und wissenschaftliche Untersuchung als besonders zielführend erkannt wurde. Zuerst handelt er, dann erst erklärt er.

Zuerst wird Spannung aufgebaut, das Interesse der Angesprochenen wird immer mehr gesteigert, und nachher wird der Zusammenhang erklärt.

Inhaltlich lässt sich zu dieser Perikope[41] kaum etwas hinzufügen, so klar und eindeutig wird ausgedrückt, wie Herrschen und Dienen in den Reihen der Freunde Jesu aussehen soll. Und es scheint kaum nötig hinzuzufügen, dass Füße waschen eindeutig Sklavendienst war.

Dennoch schwingt im Waschen der Füße durch Jesus noch eine andere Ebene mit. Wenn wir uns selbst fragen, wer uns zuletzt die Füße gewaschen hat, dann werden wir vermutlich ziemlich lange überlegen müssen, um eine Antwort zu finden. War es die Mutter? Die Großmutter? Der/die PartnerIn? Ein Freund? Wahrscheinlich waren wir damals noch ganz klein, total erschöpft oder krank.

Aber ganz sicher geschah es in einer Atmosphäre der Zuneigung. Und Wärme und Zärtlichkeit schwingen auch in der Situation mit, in der wir Jesus vor seinen Aposteln niederknien sehen, um ihnen diesen Dienst zu erweisen. Sicherlich ist es nicht einfach, sich als erwachsener Mann von einem anderen, sei er Freund oder Meister, die Füße waschen zu lassen. Wie schwierig das ist, das lässt sich unschwer aus der Reaktion des Simon Petrus ablesen.

Dass aber Jesus selbst die darin verborgene Zärtlichkeit bei einer anderen Gelegenheit annimmt und würdigt, das bestätigt uns eine frühere Geschichte:

Jesus ging in das Haus eines Pharisäers, der ihn zum Essen eingeladen hatte, und legte sich zu Tisch. Als nun eine Sünderin, die in der Stadt lebte, erfuhr, dass er im Hause des Pharisäers bei Tisch war, kam sie mit einem Alabastergefäß voll wohlriechendem Öl und trat von hinten an ihn heran. Dabei weinte sie, und ihre Tränen fielen auf seine Füße. Sie trocknete seine Füße mit ihrem

---

[41] Perikope (von griech.: κόπτειν, *koptein* ‚schneiden‘) bezeichnet: für die Lesung im Gottesdienst bestimmte Abschnitte des Bibeltextes.

Haar, küsste sie und salbte sie mit dem Öl. Als der Pha-
risäer, der ihn eingeladen hatte, das sah, dachte er: Wenn
er wirklich ein Prophet wäre, müsste er wissen, was das
für eine Frau ist, von der er sich berühren lässt; er
wüsste, dass sie eine Sünderin ist. Da wandte sich Jesus
an ihn und sagte: Simon, ich möchte dir etwas sagen. Er
erwiderte: Sprich Meister! Ein Geldverleiher hatte zwei
Schuldner; der eine war ihm fünftausend Denare schul-
dig, der andere fünfzig. Als sie ihre Schulden nicht be-
zahlen konnten, erließ er sie ihnen beiden. Wer von ihnen
wird ihn nun mehr lieben? Simon antwortete: Ich nehme
an, der, dem er mehr erlassen hat. Jesus sagte zu ihm:
Du hast recht. Dann wandte er sich der Frau zu und
sagte zu Simon: Siehst du diese Frau? Als ich in dein
Haus kam, hast du mir kein Wasser zum Waschen der
Füße gegeben; sie aber hat ihre Tränen über meine Füße
vergossen und sie mit ihrem Haar abgetrocknet. Du hast
mir zur Begrüßung keinen Kuss gegeben; sie aber hat mir
seit ich hier bin unaufhörlich die Füße geküsst. Du hast
mir nicht das Haar mit Öl gesalbt; sie aber hat mir mit
ihrem wohlriechenden Öl die Füße gesalbt. Deshalb sage
ich dir: Ihr sind viele Sünden vergeben. Dann sagte er zu
der Frau: Dein Glaube hat dir geholfen. Geh in Frieden!
(Lk 7,36-50)

Jesus lässt sich von einer stadtbekannten „gefallenen
Frau"[42] die Füße salben und küssen. Das bedeutet nach da-
maliger Sicht, dass er durch die Berührung dieser „unreinen" Frau ebenfalls „unrein" wird[43]. Ein Faktum, das uns
aus heutiger Sicht schlichtweg pervers erscheint.

Doch die Frau, die zu Jesus kommt, fühlt sich schuldig und
nur darauf kommt es an. Sie sucht bei Jesus Nachsicht und
Erbarmen und findet sie. Ja, mehr noch! Jesus geht auf

---

[42] Wahrscheinlich war sie ursprünglich verführt worden und war danach auch
mit anderen Männern in Beziehung gebracht worden. Oder sie hatte wirklich
Beziehungen mit mehreren Männern. Wer weiß heute schon, was damals wirklich geschehen ist?

[43] Lev 15,19-33;19,20-22;21,7-8

ihren stummen Dialog ein, den sie mit den Mitteln einer zärtlichen Frau führt, und er unterwirft sich für Augenblicke ihren Spielregeln. Wieder ein kleiner Zug seiner Mitmenschlichkeit, der in dieser Geschichte aufleuchtet. Wie er mit dieser Frau umgeht, ist beispielhaft auch für uns.

Auch wir könnten es schaffen, mit der Zerknirschung eines Menschen so umzugehen wie Jesus. Doch geben wir in diesen wichtigen Augenblicken allzu leicht unseren Triumphgefühlen Raum, womit wir uns und dem Anderen einen Neubeginn gründlich verbauen können.

So ganz nebenbei zeigt Jesus zum wiederholten Male, wie mutig er ist. Man stelle sich vor, dass wir in einer Gesellschaft der höheren Kreise geladen sind. Um eine zufällig anwesende Prostituierte zu verteidigen, zählen wir alle die Dinge auf, die der Hausherr gegenüber seinen Gästen versäumt hat. Das würde niemandem von uns einfallen! Zu sehr wären wir fixiert auf die Folgen, die unsere freie Rede provozieren würde. Zweifellos hat auch das Gastmahl beim Pharisäer nach den Worten von Jesus einen anderen Verlauf genommen als üblich. Doch Jesus geht es nicht um vordergründige gesellschaftliche Anerkennung. Ihm geht es immer um Gerechtigkeit und Liebe. Und dafür ist er auch bereit, in den Tod zu gehen.

Der Verrat des Judas

Der Tod ist bereits stummer Gast beim Letzten Abendmahl. Schon sind die Hohenpriester entschlossen zu handeln. Diesmal wird ihnen Jesus nicht mehr entkommen. Haben sie doch einen Helfershelfer aus den eigenen Reihen gefunden, der ihnen den gefährlich provozierenden Galiläer zuführen wird.

Immer wieder habe ich mir den Kopf darüber zerbrochen, warum Jesus mit Judas zusammen sein musste. Warum genügte nicht die mühsame Überzeugungsarbeit, die er bei den gutwilligen Aposteln leisten musste. Warum durfte er Judas nicht wegschicken, obwohl er wusste, dass dieser ihn verraten würde?

Wenn man zur Beantwortung dieser Frage in den Evangelien nach Hinweisen sucht, dann fällt auf, dass von der Person des Judas Eigenschaften überliefert sind, die einen ganz bestimmten Menschentyp umreißen.

Es gewinnen nur zwei Apostel im Neuen Testament eine deutliche Kontur. Der Apostel Petrus einerseits und Judas andererseits, persönliche Züge der anderen Apostel fehlen nahezu.

Nach dem Johannesevangelium ist es Maria, die Schwester des Lazarus, die Jesus mit kostbarem Nardenöl die Füße salbt und mit ihren Haaren abtrocknet und damit Judas Iskariot herausfordert.

Das Haus wurde vom Duft des Öls erfüllt. Doch einer von seinen Jüngern, Judas Iskariot, der ihn später verriet, sagte: Warum hat man dieses Öl nicht für dreihundert Denare verkauft und den Erlös den Armen gegeben? Das sagte er aber nicht, weil er ein Herz für die Armen gehabt hätte, sondern weil er ein Dieb war; er hatte nämlich die Kasse und veruntreute die Einkünfte. Jesus erwiderte: Lass sie, damit sie es für den Tag des Begräbnisses tue. Die Armen habt ihr immer bei euch, mich aber habt ihr nicht immer bei euch. (Joh 12,3b-8)

Etwas verwirrend ist es schon, wenn wir bei Johannes am Anfang der Lazarusgeschichte von Maria hören, dass sie es war, *die den Herrn mit Öl gesalbt und seine Füße mit ihrem Haar abgetrocknet hat; (Joh11,2b)* und erst ein Kapitel später davon erzählt bekommen.

Doch diese Widersprüche zu klären ist Aufgabe der Exegese[44]. Uns interessiert die Reaktion von Jesus. Während er im Bericht von Lukas sich die Zärtlichkeit und die damit verbundene Abbitte der Sünderin gefallen lässt, reagiert er im Bericht von Johannes noch persönlicher. Er, *der Menschensohn, der keinen Ort hat, wo er sein Haupt hinlegen kann (Lk9,58b)*, nimmt die Salbung an als Liebesdienst für seinen schwer verletzten Körper, der am Nachmittag des Karfreitags in aller Eile vom Kreuz genommen werden wird. Dann wird keine Zeit sein, um seinen toten Leib zu waschen und zu salben. Das heißt, dass ihn sein Schicksal in die Reihe der Ärmsten der Armen rückt, für die sich keine liebende Hand regt, um ihnen den letzten Liebesdienst zu erweisen.

Jesus widerspricht Judas nicht, sondern nimmt ihm den Wind aus den Segeln. Er deckt seine Machenschaften nicht auf, spricht aber Klartext. Später, nach der Fußwaschung und in der Einleitung zu den Abschiedsreden, begegnen wir in Judas einem Menschen, der im Zusammenleben mit Jesus zum Verräter geworden ist. Jesus verheimlicht es gegenüber den Aposteln, um ihn zu schützen. Nur der Jünger, *den Jesus liebte[45]*, wird es erfahren. Doch die Trauer und Verzweiflung, dass er den Menschen Judas verloren geben muss, erschüttert ihn zutiefst.

Der Sklave ist nicht größer als sein Herr, und der Abgesandte ist nicht größer, als der, der ihn gesandt hat. Selig

---

[44] Die **Exegese** (griech.: Εξήγησις *exēgesis* = „Auslegung", „Erläuterung") ist die Interpretation von Texten. Im Alltagssprachgebrauch wird der Ausdruck meist mit Bezug auf *heilige Schriften* verwendet.

Joh 13,23; Joh 19,26; Joh 19,35 Der es gesehen hat, ist der Jünger, den Jesus liebte.

[45] Joh 20,2

seid ihr, wenn ihr das wisst und danach handelt. Ich sage das nicht von euch allen. Ich weiß wohl, welche ich erwählt habe, aber das Schriftwort muss sich erfüllen: einer, der mein Brot aß, hat mich hintergangen. Ich sage es euch schon jetzt, ehe es geschieht, damit ihr, wenn es geschehen ist, glaubt: Ich bin es. Amen, Amen, ich sage euch: Wer einen aufnimmt, den ich sende, nimmt mich auf; wer aber mich aufnimmt, nimmt den auf, der mich gesandt hat. Nach diesen Worten war Jesus im Innersten erschüttert und bekräftigte: Amen, Amen, das sage ich euch: Einer von euch wird mich verraten. (Joh13,16b-21)

Wie die anderen Apostel erlebt Judas alles, was Jesus tut. Er ist Zeuge seiner Wunderheilungen, der Brotvermehrung, seiner Macht über die Naturgewalten. Er hört, was Jesus über sich und seinen Auftrag zu sagen hat und wird mit dem Geheimnis seiner besonderen Sendung immer vertrauter. Gleichzeitig muss er mitbekommen, dass sich das von den Pharisäern und Schriftgelehrten geknüpfte Netz immer enger zusammenzieht, wodurch Jesus gezwungen wird, von Jerusalem wegzugehen, um in der Provinz Zuflucht zu suchen. Auch die Ankündigungen über sein zukünftiges Leiden muss er gehört haben.

Was im Kopf des Judas wirklich vorgeht, bleibt ein Geheimnis. Die äußeren Fakten lassen aber erkennen, dass er anfangs ziemlich klar gemeinsame Sache mit den Hohenpriestern macht und auch ihr Geld annimmt.

Der Satan aber ergriff Besitz von Judas, genannt Iskariot, der zu den Zwölf gehörte. Judas ging zu den Hohepriestern und den Hauptleuten und beriet mit ihnen, wie er Jesus an sie ausliefern könnte. Da freuten sie sich und kamen überein, ihm Geld dafür zu geben. Er sagte zu und suchte von da an nach einer Gelegenheit, ihn an sie auszuliefern, ohne dass das Volk es merkte. (Lk22,3-6)

So lesen wir bei Lukas. Bei Matthäus erfahren wir die Höhe des Preisgeldes.

Was wollt ihr mir geben, wenn ich euch Jesus ausliefere?

Und sie zahlten ihm dreißig Silberstücke. *(Mt26,15),* *(Sach11,12)*

Die Erklärung, die uns Lukas und Johannes für das Verhalten des Judas anbieten, besteht darin, dass der Satan ihn ergreift. Bei Lukas schon bevor er zu den Hohenpriestern geht, bei Johannes im Augenblick, als er den entlarvenden Bissen Brot aus der Hand von Jesus genommen hat. Bei den beiden anderen Evangelisten fehlt diese Interpretation. Matthäus und Johannes nehmen zudem auf alttestamentliche Stellen Bezug. Matthäus, indem er Sachaja (*Und sie zahlten ihm dreißig Silberstücke* 11,12) zitiert, Johannes, indem er Jesus erklärend hinzufügen lässt: Aber das Schriftwort muss sich erfüllen: Einer, der mein Brot aß hat mich hintergangen.

Was heißt aber, es musste geschehen, damit das Schriftwort erfüllt werde?

Was bedeutet es, dass der Satan ihn in Besitz nimmt? Wird damit seine Freiheit aufgehoben?

Sicher nicht, denn Jesus versucht ihn geradezu verzweifelt vor sich selbst zu retten.

Beginnen wir bei der Fußwaschung. Judas muss bemerkt haben, dass Jesus von seinen Absichten weiß. Er muss gespürt haben, wie sehr sein Meister unter seinem Verrat leidet, doch er verhärtet sich gegen die aufkeimende Schwäche. (Vielleicht könnten wir heute die Wirksamkeit des „Bösen" mit bewusster innerer Verhärtung übersetzen?) Was noch damit im Einklang steht, ist seine Flucht, nachdem ihm Jesus zu verstehen gegeben hat, dass er ihn als Verräter „erkannt" hat. Er will sich Jesus und seiner Liebe, die ihn noch einmal auffangen möchte, nicht ausliefern und flieht.

Später im Garten Gethsemani, wo er Jesus küsst, versucht dieser noch einmal an ihn heranzukommen:

Während er noch redete, kam eine Schar Männer; Judas, einer der Zwölf, ging ihnen voran. Er näherte sich Jesus,

um ihn zu küssen. Jesus aber sagte zu ihm: Judas, mit ei-
nem Kuss verrätst du den Menschensohn? (Lk22,47-48)

Jesus aber sagte zu ihm: ...

Es wird nicht überliefert, wie er es sagt. Aber wir können annehmen, dass er mit seiner ganzen Liebe „an ihm dran" ist! Doch vergebens! Seine Worte gleiten an Judas ab, und er geht *seinen* Weg.

Moderne TheologInnen versuchen den Kuss auf dem Hintergrund der sozialen Gepflogenheiten der damaligen Zeit aus seiner erstarrten Interpretation herauszulösen.

In unserem Verständnis ist der Kuss ein Liebes- und Freundschaftszeichen ohne Wenn und Aber. Wenn man sich aber die alten russischen Präsidenten vorstellt, wie sie ihre Besucher aus West und Ost mit drei Wangenküssen begrüßten, dann wird schon klar, dass der Kuss auch einem anderen Kontext angehören kann. Zweifellos trifft ähnliches auch auf die Zeit Jesu zu. War doch der Kuss damals auch ein Zeichen dafür, den Geküssten herauszufordern, sich zu offenbaren[46]. Vielleicht hofft Judas bis zuletzt, dass Jesus „Farbe bekennt" und endlich die Herrschaft übernimmt, indem er die heimlichen Machenschaften der Sadduzäer[47] mit der Besatzungsmacht aufdeckt, die Pharisäer auf ihre Plätze verweist und die Römer aus dem Land vertreibt. Er soll zum politischen Befreier, zum Messias werden, den sich die Juden von damals aus tiefstem Herzen ersehnen. Dass Jesus imstande ist, über alle feindlichen Kräfte zu

---

[46] Vgl. BEN CHORIN, **Bruder Jesus**: Judas will den Meister in eine Situation manövrieren, in der er sich als König der Juden offenbaren „muss". Die Tat des Judas, die auch in den Evangelien als heilsnotwendiges „Skandalon" empfunden wird, war von ihm aus gesehen wohl nichts anderes als der Versuch, den Meister zur Entfaltung seiner messianischen Kräfte zu **zwingen**. (S. 172-173.)

[47] Es war damals bekannt, dass die Sadduzäer sich mit der Besatzungsmacht arrangierten und Konflikte möglichst vermieden.

triumphieren, davon ist Judas überzeugt. Hat er doch seine machtvollen Taten aus nächster Nähe miterlebt. Doch Jesus ist seinem Auftrag verpflichtet und kann und will kein politischer Befreier sein. Ihm geht es im Augenblick nur um den Menschen Judas, der trotz seiner verständlichen menschlichen Erwartungen zum Verräter wird. Ich glaube, dass man diese beiden Ebenen nicht vermischen darf, obwohl sie in der Leidenschaft unseres Herzens immer heillos verstrickt sind. Doch aus dieser Verstrickung wird Judas mehrfach herausgeholt, indem ihn Jesus immer wieder warnt und zu sich heranholt. Doch vergeblich ...

Die furchtbare Entscheidung, die Judas dann trifft, als ihm die blutige Konsequenz seiner – man kann fast sagen – kaum benötigten Mithilfe aufgeht, (weil die Hohenpriester sicherlich andere Mittel und Wege gefunden hätten, um Jesus habhaft zu werden) – diese Entscheidung ist es, die ihn so erbarmungswürdig macht. Es ist die Verzweiflung, die ihn in den Selbstmord treibt. In diesen Momenten erscheint die Last der Schuld so übergroß, dass dafür keine Sühne und Verzeihung erhofft werden kann und nur der Tod Erlösung verspricht.

Dennoch bleibt es ein Geheimnis, warum Judas so und nicht anders handelt. Und unauslotbar bleiben auch die Worte Jesu, die uns von Matthäus in diesem Zusammenhang überliefert werden:

Der Menschensohn muss zwar seinen Weg gehen, wie die Schrift über ihn sagt. Doch weh dem Menschen, durch den der Menschensohn verraten wird. Für ihn wäre es besser, wenn er nie geboren wäre. Da fragte Judas, der ihn verriet: Bin ich es etwa, Rabbi? Jesus sagte zu ihm: Du sagst es. (Mt 26,24-25)

Doch trotz aller Widersprüche und Rätsel, die sich um das Schicksal des Judas ranken, lässt sich eines klar herauslesen: dass der irdische, menschliche Jesus nichts unversucht lässt, um Judas vor sich selbst zu retten. Dennoch scheitert er. Er scheitert am inneren Widerstand des verblendeten

Jüngers, obwohl das fast unglaublich anmutet, wenn man bedenkt, was Jesus durch seine machtvolle Liebe bei Menschen bewirken konnte.

Dieses *Scheitern Jesu,* könnte es nicht zum Trost für uns werden, wenn wir in ähnlichen Situationen unsere Liebe anbieten und zurückgewiesen werden?

Oder umgekehrt betrachtet: Wie oft widerstehen wir in unserem Leben den Warnungen, den Bitten, ja dem Flehen Gottes in unserem tiefen Inneren? Ja, wenn Jesus heute zu uns wirklich redete, dann ...

Würden wir wirklich umkehren? Würden wir den christlichen Weg des Verzeihens und der Güte wirklich einschlagen, wenn ER es wäre, der uns darum bittet? Vielleicht am Anfang schon, aber später?

Das Vermächtnis des Letzten Abendmahles

Wenn wir gedanklich zum Abendmahl zurückkehren und den Originaltext des Lukas aufschlagen, dann lesen wir:

Als die Stunde gekommen war, begab er sich mit den Aposteln zu Tisch. Und er sagte zu ihnen: Ich habe mich sehr danach gesehnt, vor meinem Leiden dieses Paschamahl mit euch zu essen. Denn ich sage euch: Ich werde es nicht mehr essen, bis das Mahl seine Erfüllung findet im Reich Gottes. Und er nahm den Kelch, sprach das Dankgebet und sagte: Nehmt den Wein und verteilt ihn untereinander! Denn ich sage euch: Von nun an werde ich nicht mehr von der Frucht des Weinstocks trinken, bis das Reich Gottes kommt. Und er nahm Brot, sprach das Dankgebet, brach das Brot und reichte es ihnen mit den Worten: Das ist mein Leib, der für euch hingegeben wird. Tut dies zu meinem Gedächtnis. Ebenso nahm er nach dem Mahl den Kelch und sagte: Dieser Kelch ist der Neue Bund in meinem Blut, das für euch vergossen wird. (Lk22,14-20).

Jeder von uns kennt den Wortlaut dieses Textes zumindest im Ansatz. Es ist hier nicht der Ort zu erörtern, ob es authentische Jesusworte sind, die hier zitiert werden, oder bereits frühchristliche Texte, die durch die oftmalige Wiederholung während der Eucharistiefeiern ihre jetzige Form erhielten. Das sind Fragen der Exegese.

Für uns steht der Mensch Jesus im Mittelpunkt der Betrachtung. Was meint er damit, dass er große Sehnsucht hat, dieses Mahl mit seinen Zwölf zu feiern? Fürchtet er sich nicht vor dem, was auf ihn zukommt? Wie kann er sich nach dieser letzten Mahlzeit gesehnt haben, als junger Mann, der fürchterlichen Martern und dem Tod entgegengeht?

Das scheint uns unbegreiflich! Und ist es auch, wenn wir die große, die überwältigende Liebe des *Menschensohnes* außer Acht lassen. Diese Liebe ist für uns nicht nachvollziehbar. Diesem Aufschwung seines Innersten können wir nur fassungslos zuschauen und unser ganzes Leben lang entgegengehen.

Das Geheimnis der Eucharistie ist das innerste Zentrum unseres Glaubens, das in zweitausend Jahren und auch von großen Heiligengestalten nicht „begriffen" werden konnte. Es ist ein so gewaltiges Ereignis, das uns Jesus am Gründonnerstag vor seinem Leiden übergeben hat, dass man nur wie ein Kind vor diesem Geheimnis verharren kann.

Was er damals getan hat, ist nach dem *Hl. Peter Julian Eymard* nichts anderes als die Eröffnung seines Testaments.

Bei ihm lesen wir:

Am Gründonnerstag gedenkt der Heiland, dass er Vater ist, dass er seinen Kindern das Testament machen will, weil Er stirbt. Welch ein feierlicher Akt ist dies in einer Familie! Es ist sozusagen der letzte des Lebens, und ein Akt, der sich über das Grab hinaus erstreckt. Ein Vater gibt, was er hat; sich selbst kann er nicht geben, so viel gehört er sich selbst nicht; er bestimmt ein Vermächtnis einem jeden seiner Kinder, wie seiner Freunde; er gibt auch, was ihm das Liebste ist. – Allein der Heiland wird sich selbst geben. Er hat weder Geld noch Besitzungen, der arme Heiland hat nicht einmal, wohin er sein Haupt zum Ausruhen hinlegen könnte. Jene, die irgendein zeitliches Gut von ihm erwarten, werden leer ausgehen; sein Kreuz, drei Nägel, seine Dornenkrone: das ist sein ganzes materielles Erbstück.

Nichtsdestoweniger will unser Herr ein Testament machen.

Womit?

Mit sich selbst.

Er ist Gott und Mensch; als Gott ist Er Herr über seine heilige Menschheit, und die gibt Er uns, und mit ihr alles, was Er ist. Er gibt sie uns in WAHRHEIT, nicht leihweise. Es ist ein Geschenk. Sein Leib und Sein Blut treten an die Stelle von Brot und Wein; man sieht Ihn nicht, aber man HAT Ihn. Unser Erbteil ist also Jesus Christus

Bewundern wir die Erfindung der Liebe unseres Herrn. Er

ALLEIN hat dieses Werk seiner Liebe erfunden. Wer hätte es voraussehen oder auch nur einen Gedanken daran wagen können?

Habt ihr Brot notwendig, um zu leben? --- Ich werde euer Brot sein, sagt Er.

Er ist zufrieden gestorben, weil er uns Brot hinterließ, und was für ein Brot! Wie ein Familienvater ist Er, der sein ganzes Leben sich abarbeitet und nur eine Sorge hat: beim Tod seinen Kindern Brot zu lassen. --- Was konnte der Herr uns mehr geben?

Aber das Testament wurde gemacht vor zweitausend Jahren --- wie kommt das Vermächtnis bis zu mir?

Jesus Christus hat es Vormündern übergeben, die es verwaltet und aufbewahrt haben, um es uns im gemäßen Alter auszuhändigen: das sind die Apostel und unter ihnen ihr unvergängliches Haupt, Petrus, der Papst. Die Apostel haben das Testament den Priestern übergeben, und diese bringen es uns, öffnen es für uns und geben uns die heilige Hostie, die in den Gedanken unseres Herrn schon beim Letzten Abendmahl mitkonsekriert war! Für Christus gibt es weder Vergangenheit noch Zukunft: Ja, wir waren dem Heiland gegenwärtig und Jesus hat uns nicht bloß eine Hostie zugedacht, sondern hundert, tausend, für alle Tage unseres Lebens.

Denken wir auch daran? Jesus hat uns lieben wollen mit Übermaß.[48]

---

[48] EYMARD Peter Julian: *Jesus ist wahrhaftig da!* Fünfzehn kleine Betrachtungen, S. 30-36.

So lesen wir in den fünfzehn kleinen Betrachtungen, die uns vom Stifter der *Genossenschaft vom*[49] *heiligen Sakramente*, dem Hl. Peter Julian Eymard überliefert sind. Warum ich gerade diesen Text gewählt habe?

Obwohl wir heute einen wahren Strom von Gedanken zum Thema Eucharistie in den Schriften der Heiligen überliefert haben, scheinen mir die Betrachtungen des Hl. Peter Eymard gerade durch ihre Schlichtheit berührend und hilfreich.

Das Geschehen um die Eucharistie ist so groß und geheimnisvoll, dass es gut ist, Trittsteine aus dem menschlichen Alltag in das Geheimnis zu legen. Und das vermag Peter Eymard mit seinen einfachen Alltagsbildern.

Das Geschenk der Eucharistie wurde von Jesus mehrfach vorbereitet. Wir erinnern uns an die Berichte über die

---

[49] *Petrus Julian Eymard* war Priester und Ordensgründer: * 4. Februar 1811 in La Mure-d'Isére bei Grenoble in Frankreich † 1. August 1868 daselbst. Er stammt aus bescheidenen Verhältnissen und wurde von seinen Eltern im katholischen Glauben erzogen. Schon sehr bald fühlte er sich zu Jesus hingezogen und wollte Priester werden. Sein Vater wollte ihn aber in seinem Geschäft behalten. Insgeheim lernte Petrus dennoch Latein, aber erst nach einer überstanden dreijährigen Krankheit und dem Tod seines Vaters konnte er 1831 in Grenoble ins Priesterseminar eintreten. 1834 wurde er zum Priester geweiht. Von 1834 bis 1837 war er Vikar in Chatte bei Grenoble, dann in Monteynar. 1839 trat er in den Marianistenorden, ein.

Julian Eymard gründete 1856 in Paris die Gemeinschaft der Priester vom heiligen Sakrament, die Eucharistiner zur Förderung der Verehrung des heiligsten Sakraments; in der Rue du Faubourg Saint-Jacques.In Paris konnte bald schon eine eigene Kapelle eröffnet werden, wo junge Menschen auf die Erstkommunion vorbereitet wurden. Die Förderung der Eucharistie durch ewige Anbetung, das vierzigstündige Gebet, die Kommunion auch für Kinder und eucharistische Kongresse prägten Eymards Leben und Wirken. 1863 wurde die Kongregation von Papst Pius IX anerkannt. 1868 folgte die Gründung des weiblichen Ordenszweigs, die *Dienerinnen des Allerheiligsten Altarsakraments*. Der auch noch zehn Jahre nach seinem Tod unverweste Leichnam von Petrus Julian Eymard wurde 1877 in die Corpus-Christi-Kirche in Paris überführt. Am 3. August 1925 wurde er von Papst Pius XI. selig- und am 9. Dezember 1962 von Papst Johannes XXXIII heiliggesprochen.

Brotvermehrung, wo Jesus ganz selbstverständlich für die Menschen sorgt, die bis in die Nacht bei ihm geblieben sind, nur um ihm zuzuhören.

Diese unglaubliche Tat, die natürlich Verwunderung und Staunen hervorruft, wird bei Johannes weiter entfaltet. Schon damals spricht Jesus davon, dass er das lebendige Brot ist, das vom Himmel gekommen ist und erntet damit Widerspruch und Ablehnung. Schon damals, in Karfarnaum, wächst er hinein in eine Isolation, in eine Einsamkeit, die auf Golgotha ihren Höhepunkt erreichen wird.

Viele seiner Jünger, die ihm zuhören, sagen: *Was er sagt, ist unerträglich. Wer kann das anhören?* (Joh 6,60)

Daraufhin zogen sich viele Jünger zurück und wanderten nicht mehr mit ihm umher. Da fragte Jesus die Zwölf: Wollt auch ihr weggehen? Simon Petrus antwortete ihm: Herr, zu wem sollen wir gehen? Wir sind zum Glauben gekommen und haben erkannt: Du bist der Heilige Gottes. (Joh 6,66-69)

Sein Auftrag für diese Welt bestimmt das Leben Jesu voll und ganz. Um diesen zu erfüllen verzichtet er auf menschliche Anerkennung, auf soziale Sicherheit und ist bereit, auch die Liebe und Zuneigung seiner engsten Freunde aufs Spiel zu setzen.

Seine Frage „*Wollt auch ihr gehen?*", bezeugt es ganz klar.

Diese Frage überhaupt zu stellen, was mag es ihn gekostet haben?

Doch seine Zwölf halten ihm die Treue, mit Ausnahme des Judas. Sie bleiben bei ihm - noch. Doch auch sie werden ihn verlassen, bis auf Johannes, der als Einziger ausharrt bis zum Ende, bis zu seinem Tod am Kreuz.

Die Stunden am Ölberg

Nach dem Abendmahl, nachdem Jesus seine letzten Verfügungen getroffen hat, geht er mit seinen Jüngern zum Ölberg. Auf einem Berg - dem Berg Sinai - beginnt die Geschichte Gottes mit SEINEM Volk. Von dort her trifft sie der göttliche Auftrag, in ihrer Verantwortung gegenüber Gott und den Mitmenschen, gekleidet in die Form der Zehn Gebote. Auf einem Berg – dem Berg Tabor[50] – erleben die Jünger ihren Herrn und Meister als den, der vom Vater als *sein geliebter Sohn (Mt1,5)* beglaubigt wird.

Auf einem Berg - dem Ölberg - geht Jesus seiner dunkelsten Stunde entgegen.

Dann verließ Jesus die Stadt und ging, wie er es gewohnt war, zum Ölberg; seine Jünger folgten ihm. Als er dort war, sagte er zu ihnen: Betet darum, dass ihr nicht in Versuchung geratet. Dann entfernte er sich von ihnen ungefähr einen Steinwurf weit, kniete nieder und betete: Vater, wenn du willst, nimm diesen Kelch von mir! Aber nicht mein, sondern dein Wille soll geschehen. Da erschien ihm ein Engel vom Himmel und gab ihm neue Kraft. Und er betete in seiner Angst noch inständiger, und sein Schweiß war wie Blut, das auf die Erde tropfte. Nach dem Gebet stand er auf, ging zu den Jüngern zurück und fand sie schlafend; denn sie waren vor Kummer erschöpft. Da sagt er zu ihnen: Wie könnt ihr schlafen? Steht auf und betet, damit ihr nicht in Versuchung geratet. (Lk22,39-46)

Auf dem Ölberg, im Garten Gethsemani, wird die menschliche Natur in Jesu so übermächtig, dass sich aus seinen Poren Schweiß und Blut absonderte und auf die Erde tropfte.

Durch unser Menschsein beherrschen wir die Kunst der Vorstellung, die uns wirksam vor Gefahren bewahren kann.

---

[50] Lk9,28-36; Mk 9,2-10; Mt17,1-9: Die Verklärung Jesus.

Doch ist es gerade die Kraft der Vorstellung, die uns zukünftiges Erleben, das in der Realität und eins ums andere auszuhalten ist, in ein einziges Erleben bündeln kann.

Das bedeutet, dass Jesus in den Stunden auf dem Ölberg seine Verurteilung, seine Geißelung, seinen Kreuzweg und das schmerzhafte Annageln ans Kreuz sowie das qualvolle Hängen zwischen Himmel und Erde in seiner Vorstellung durchlebt, verdichtet erlebt. Wie kaum ein zweites Mal erleben wir hier Jesus, ausgeliefert an seine menschliche Natur. Ja, er liegt so darnieder, dass er seinen Vater bittet, ihm den drohenden Leidensweg zu ersparen. Er, der durchdrungen von seinem Auftrag, allen Anfeindungen, jeder sozialen Ächtung, jedem Unverständnis getrotzt hat, wird schwach, leidet und stöhnt unter der Last des kommenden Leidens.

Obwohl Jesus seine inständige Bitte an den Vater, den Kelch an ihm vorübergehen zu lassen, sofort mit seiner geistigen Persönlichkeit abfängt, indem er sich voll und ganz dem Willen Gottes unterwirft, dürfen wir nicht zu schnell das eine mit dem anderen aufheben. Zunächst sehen wir Jesus verzweifelt und schwach. Chronisten der Helden der Frühzeit hätten es wahrscheinlich nie über sich gebracht, ihre Gestalten so elend zu zeichnen.

Jesus ist ein Held anderen Zuschnitts. Er ist einer von uns. Er ist einer, der ringen muss um Mut und Tapferkeit. Er ist einer, der bei den Aposteln Hilfe sucht, weil er wie wir Menschen braucht, um seiner Angst Herr zu werden oder sie zumindest verdrängen zu können, wie wir heute sagen würden.

Doch die Apostel schlafen. Und als er sie, so wie wir bei Matthäus lesen, das zweite Mal aufsucht, um bei ihnen Trost zu finden, schlafen sie wieder. Sie lassen ihn im Stich, und die Einsamkeit verdichtet sich um seine Gestalt.

Als er das dritte Mal zu den schlafenden Jüngern zurückkehrt, ist er ein Anderer geworden. Er bleibt siegreich im Kampf gegen seine Angst und ist bereit, sich dem Unvermeidlichen zu stellen. Welches Mittel er dazu wählt? Er wirft sich in die Arme seines Vaters. Dieser bewahrt ihn nicht vor Leiden und Tod, doch er gibt ihm die Kraft durchzuhalten.

Durch die lange Tradition unserer christlichen Religion ist vieles versteinert und das, was früher einmal lebendige Gefühle und Worte waren, ist in Formeln erstarrt. Dadurch fließen die Quellen für uns oft nur spärlich, weil sie durch Gewohnheit und mangelnder Konzentration eine lebendige Wahrnehmung erschweren.

Dazu kommt, dass viele der biblischen Gleichnisse ihren „Sitz im Leben"[51] verloren haben. Mit den Beispielen vom verlorenen Schaf, von der Arbeit des Bauern, der noch händisch seinen Acker bestellt und die Weizenkörner aussät, können wir heute nicht mehr viel anfangen.

Doch ein Mensch, der von tiefer Angst erfasst wird, der ist uns nahe, sehr nahe sogar.

Wie viel Angst erleiden wir in unserer Gegenwart. Wie viel Kraft und Einsatz werden vergeudet, um dieser Angst Herr zu werden, um sie zu bezwingen, zu verdrängen.

Wie viele materielle Mittel werden gebraucht, um sie niederzuringen. Wie viel Rausch und Gleichgültigkeit ist die Folge.

Wir erleben es Tag für Tag! Und wie schwer wird es uns, diese Mauer der Angst zu überwinden und zu ihrem Gegenpol zu gelangen, der vielleicht am besten mit Vertrauen umschrieben werden kann: Vertrauen in uns selbst, in andere Menschen und in Gott oder besser in umgekehrter Reihenfolge?

---

[51] „Sitz im Leben" ist ein Fachausdruck der Formgeschichte und bezeichnet die ursprüngliche Entstehungssituation bzw. Funktion eines Textes. Diese lassen sich bis heute aus dem Text erschließen. Der *Sitz im Leben* muss bei der Interpretation des Textes mitberücksichtigt werden, um zu einem umfassenderen Verständnis zu gelangen.

Jesus, der *Mensch* zeigt uns *seinen* Weg. Er nimmt Zuflucht zu seinem und unserem Vater, er wirft sich in SEINE ARME, obwohl er weiß, dass ihm von demselben Vater auferlegt wird, den Kelch des Leidens bis zur Neige zu trinken.

Dieses klare Wissen, dass von Gott die Bedingungen unseres Lebens kommen und er gleichzeitig unser verständnisvollster Tröster und Helfer sein wird, das geht nicht in unsere Köpfe. Entweder wollen wir, dass es uns immer oder meistens gut geht und sich alle unsere Wünsche erfüllen, oder wir schreien nach Erlösung von unangenehmen und schmerzvollen Situationen. In beiden Fällen sind wir böse auf IHN, weil er nicht das tut, was wir wollen, obwohl wir oft genug die Ursachen unserer Probleme bei uns selbst suchen müssten.

Gefangennahme und Prozess

Zurück zu Jesus in den Garten Gethsemani. *Während er noch redete, kam Judas, einer der Zwölf, mit einer großen Schar von Männern, die mit Schwertern und Knüppeln bewaffnet waren; sie waren von den Hohenpriestern und Ältesten des Volkes geschickt worden. Der Verräter hatte mit ihnen ein Zeichen verabredet und gesagt: Der, den ich küssen werde, der ist es; nehmt ihn fest. Sogleich ging er auf Jesus zu und sagte: Sei gegrüßt, Rabbi! Und er küsste ihn. Jesus erwiderte ihm: Freund, dazu bist du gekommen? Da gingen sie auf Jesus zu, ergriffen ihn und nahmen ihn fest. Doch einer von den Begleitern Jesu zog sein Schwert, schlug auf den Diener des Hohenpriesters ein und hieb ihm ein Ohr ab. Da sagte Jesus zu ihm: Steck dein Schwert in die Scheide; denn alle die zum Schwert greifen, werden durch das Schwert umkommen. Oder glaubst du nicht, mein Vater würde mir sogleich mehr als zwölf Legionen Engel schicken, wenn ich ihn darum bitte? Wie würde dann aber die Schrift erfüllt, nach der es so geschehen muss? Darauf sagte Jesus zu den Männern: Wie gegen einen Räuber seid ihr mit Schwertern und Knüppeln ausgezogen, um mich festzunehmen. Tag für Tag saß ich im Tempel und lehrte, und ihr habt mich nicht verhaftet. Das alles aber ist geschehen, damit die Schriften der Propheten in Erfüllung gehen. Da verließen ihn alle Jünger und flohen. (Mt 26,47-56)*

... „wie gegen einen Räuber seid ihr mit Schwertern und Knüppel ausgezogen" ...

Dieser Satz entlarvt die ganze Szenerie als Machenschaft und Scheinmanöver. Auch in dieser für ihn beklemmenden Situation macht er ihnen klar, dass Feigheit sie zu dieser nächtlichen Aktion geführt hat und keine reale Gefahr.

Jesus weiß zwar, dass er *seinen* Weg gehen muss, aber er lässt seinen Widersachern keine Lüge, keinen Betrug durchgehen.

Die Geschichte mit dem abgeschlagenen Ohr, das er nach Lukas gleich wieder heilt, gehört zu dieser Szenerie, in der sich Jesus dem Gesetz der Welt unterstellt und es gleichzeitig überwindet. Für ihn ist Gewalt keine Lösung. Gewalt erzeugt nur Gegengewalt. Er untersteht einem anderen Gesetz und dieses Gesetz heißt LIEBE.

Und um diesem Gesetz zu dienen, wird er seinen Leidensweg in voller Freiheit gehen.

Jesus ist in dieser Situation sehr stark, und er wird diese stärkende Spannung lange durchhalten. Doch die Schmerzen werden auch ihn zermürben, später am Kreuz.

Über den Fortgang der Ereignisse lesen wir bei Johannes:

Die Soldaten, ihre Befehlshaber und die Gerichtsdiener der Juden nahmen Jesus fest, fesselten ihn und führten ihn zuerst zu Hannas; er war nämlich der Schwiegervater des Kajaphas, der in diesem Jahr Hoherpriester war. Kajaphas aber war es, der den Juden den Rat gegeben hatte: Es ist besser, dass ein einziger Mensch für das Volk stirbt. (Joh 18,12-14)

Der Hohepriester befragte Jesus über seine Jünger und über seine Lehre. Jesus antwortete ihm: Ich habe offen vor aller Welt gesprochen. Ich habe immer in der Synagoge und im Tempel gelehrt, wo alle Juden zusammenkommen. Nichts habe ich im Geheimen gesprochen. Warum fragst du mich? Frag doch die, die mich gehört haben, was ich zu ihnen gesagt habe; sie wissen, was ich geredet habe. Auf diese Antwort hin schlug einer der Knechte, der dabeistand, Jesus ins Gesicht und sagte: Redest du so mit dem Hohenpriester? Jesus entgegnete ihm: Wenn es nicht recht war, was ich gesagt habe, dann weise es nach; wenn es aber recht war, warum schlägst du mich? Danach schickte ihn Hannas gefesselt zu Kajaphas. (Joh 18,19-27)

In diesem Text des Johannes funkeln die Hoheit und die Stärke Jesu aus jeder Zeile. Faszinierend, wie er Hannas mit seinen Scheinfragen auflaufen lässt und den Knecht in seine Schranken weist.

Anders und verhaltener schildern hingegen die drei anderen Evangelisten die ersten Stunden seines Leidensweges:

Nach der Verhaftung führte man Jesus zum Hohenpriester Kajaphas, bei dem sich die Schriftgelehrten und die Ältesten versammelt hatten. Die Hohenpriester und der ganze Hohe Rat bemühten sich um falsche Zeugenaussagen gegen Jesus, um ihn zum Tod verurteilen zu können. Sie erreichten aber nichts, obwohl viele falsche Zeugen auftraten. Zuletzt kamen zwei Männer und behaupteten: Er hat gesagt: Ich kann den Tempel Gottes niederreißen und in drei Tagen wieder aufbauen. Da stand der Hohepriester auf und fragte Jesus: Willst du nichts sagen zu dem, was diese Leute gegen dich vorbringen? Jesus aber schwieg. Darauf sagte der Hohepriester zu ihm: Ich beschwöre dich bei dem lebendigen Gott, sag uns: Bist du der Messias, der Sohn Gottes? Jesus antwortete: Du hast es gesagt. Doch ich erkläre euch: Von nun an werdet ihr den Menschensohn zur Rechten der Macht sitzen und auf den Wolken des Himmels kommen sehen. *Da zerriss der Hohepriester sein Gewand und rief: Er hat Gott gelästert! Wozu brauchen wir noch Zeugen? Jetzt habt ihr die Gotteslästerung selbst gehört. Was ist eure Meinung? Sie antworteten: Er ist schuldig und muss sterben. Dann spuckten sie ihm ins Gesicht und schlugen ihn. Andere ohrfeigten ihn und riefen: Messias, du bist doch ein Prophet! Sag uns: Wer hat dich geschlagen. (Mt 26,59-68)*

Vielleicht erinnert uns diese Schilderung an ähnliche Situationen, in die Menschen unserer Zeit verstrickt sind! Vielleicht haben wir von diesem absoluten Ausgeliefertsein in Büchern gelesen, aus Dokumentationen und Filmen davon erfahren.

Und vielleicht haben wir das Ausgeliefertsein an einen fremden Willen am eigenen Leib erfahren. Es muss nicht immer ein Gerichtshof sein, der in einem Scheinverfahren Menschen ihre Ohnmacht fühlen lässt. Manchmal genügt schon eine berufliche Intrige, eine familiäre Zwangslage, um uns in eine ähnliche Situation zu versetzen. Und vielleicht könnten wir lernen, bei IHM Zuflucht und Trost zu suchen, der sich selbst ohnmächtig und ausgeliefert erlebte.

Jesus schweigt zu den Vorwürfen der gedungenen Zeugen. Er weiß, dass es sinnlos wäre, vor diesem Gerichtshof zu argumentieren. Sie würden ihm ohnehin jedes Wort im Munde umdrehen. Dass es genau so war, davon berichtet uns Lukas, als ihn der Hohepriester gleich zu Anfang fragt:

Wenn du der Messias bist, dann sag es uns! Er antwortete ihnen: Auch wenn ich es euch sage – ihr glaubt mir ja doch nicht; und wenn ich euch etwas frage antwortet ihr nicht. (Lk22,67b-68)

Als er vom Hohepriester direkt befragt wird, ob er sich anmaßt, sich als Sohn des Hochgelobten zu bezeichnen, antwortet er:

Du hast es gesagt!

Es scheint fast, als würde Jesus mit diesem Satz dem Hohepriester in einer subtilen Weise zu verstehen geben, dass dieser seine Sendung sehr wohl erkannt habe. Gegen die verräterische Absicht, mit der diese Frage gestellt wurde, setzt er sich allerdings zur Wehr, indem er ihnen die alttestamentarische Prophezeiung entgegenhält:

Von nun an werdet ihr den Menschensohn zur Rechten der Macht sitzen und auf den Wolken des Himmels kommen sehen[52].

In diesem Moment hätte ich Jesus gerne gesehen. Hoch aufgerichtet und unberührbar stelle ich ihn mir in diesem Augenblick vor, wie er den Hohepriester mit den Worten über seine zukünftige Würde niederschmettert.

---

[52] Dan7, 13b-14

Doch dieser lässt sich davon nicht beeindrucken. Im Gegenteil! Jetzt erst recht scheint ihm der Beweis der Gotteslästerung vorzuliegen, und voll Entsetzen über diese Tatsache zerreißt er sein Gewand, um Buße zu tun für denjenigen, der es wagt, solche Worte auszusprechen[53]. Sie sind alle seiner Meinung, die Leute des improvisierten Gerichtshofes und sprechen Jesus schuldig. Und damit gerät er in die mitleidlose Maschinerie eines Verfahrens, das ihn Stück für Stück seiner menschlichen Würde beraubt.

Bei Johannes kann er sich während des Verhörs durch Hannas gegen die Schläge des Knechtes noch zur Wehr setzen, nach dem Urteilsspruch stürzt er jedoch auf die Stufe eines rechtlosen Opfers, das die subalternen Kreaturen nach Belieben anspucken, schlagen und verhöhnen können.

Vielleicht haben wir als Kinder, oder damals, als wir das erste Mal von seiner Leidensgeschichte gehört haben, gehofft, dass Pilatus Jesus retten werde.

Dieser spürte ja ganz genau, dass man ihm Jesus nur aus Neid, aus religiösem Fanatismus oder anderen unverständlichen Motiven ausgeliefert hat. Doch Pilatus kapituliert. Ist er zu schwach oder zu träge, um den Juden wirklich Widerstand zu leisten?

Oder hat er wichtige Gründe, um am Kaiserhof nicht aufzufallen? Wir wissen es nicht. Auch können wir das Einlenken des Pilatus aus der Ferne der zweitausend Jahre nicht wirklich erklären. Was bleibt, sind die Folgen seiner schwankenden Entscheidungen, die von Jesus ertragen werden müssen.

Daraufhin erhob sich die ganze Versammlung, und man führte Jesus zu Pilatus. Dort brachten sie ihre Anklagen gegen ihn vor; sie sagten: Wir haben festgestellt, dass

---

[53] BEN CHORIN aaO. deutet das Zerreißen des Gewandes auch als Trauergeste, wonach der Leidtragende nach jüdischem Brauch sein Gewand zu zerreißen oder einzureißen hat. S. 200.

dieser Mensch unser Volk verführt, es davon abhält, dem Kaiser Steuer zu zahlen, und behauptet, er sei der Messias und König. (Lk23,1-2)

Wenn man diesen Text genau analysiert, dann fällt auf, dass sie nicht einen triftigen Grund angeben, warum sie Jesus zu ihm bringen, sondern gleich fünf verschiedene. Schon als Kind wurden unsere Schwindeleien leicht entlarvt, wenn wir mehrere Gründe hervorsprudelten, um sicher zu gehen, dass wir nicht durchschaut werden. Auch dem Pilatus scheint der wirkliche Grund dieser Aufzählung sofort klar zu sein.

Von Kajaphas brachten sie Jesus zum Prätorium; es war früh am Morgen. Sie selbst gingen in das Gebäude nicht hinein, um nicht unrein zu werden, sondern das Paschalamm essen zu können54. Deshalb kam Pilatus zu ihnen heraus und fragte: Welche Anklage erhebt ihr gegen diesen Menschen? Sie antworteten ihm: Wenn er kein Übeltäter wäre, hätten wir ihn dir nicht ausgeliefert. Pilatus sagte zu ihnen: Nehmt ihr ihn doch, und richtet ihn nach eurem Gesetz! Die Juden antworteten ihm: Uns ist es nicht gestattet, jemand hinzurichten. (Joh18,28-31)

Aus dem letzten Satz geht klar hervor, was sie von ihm wollen, nämlich den Stempel und die Unterschrift unter das Todesurteil Jesu. Doch so einfach geht es nicht. Zuerst möchte Pilatus, der Vertreter des damaligen Rechtsstaates[55] Rom, doch wissen, was man Jesus wirklich vorwirft.

Pilatus ging wieder ins Prätorium hinein, ließ Jesus rufen und fragte ihn: Bist du der König der Juden? Jesus antwortete: Sagst du das aus dir selbst oder haben es dir andere über mich gesagt? Pilatus entgegnete: Bin ich denn ein Jude? Dein eigenes Volk und die Hohenpriester

---

[54] Die Feier des *Sedermahles* am Vorabend des Passahfestes durfte man nur feiern, wenn man gesetzlich bestimmte Reinigungsriten erfüllt hatte. Die Berührung mit „Ungläubigen" und ihrer Umgebung macht den strenggläubigen Juden *„unrein"*.

[55] *Lex Julia* war zur Zeit des Pilatus das geltende Römische Recht.

haben dich an mich ausgeliefert. Was hast du getan? Je-
sus antwortete: Mein Königtum ist nicht von dieser Welt.
Wenn es von dieser Welt wäre, würden meine Leute
kämpfen, damit ich den Juden nicht ausgeliefert würde.
Aber mein Königtum ist nicht von hier. Pilatus sagte zu
ihm: Also bist du doch ein König? Jesus antwortet: Du
sagst es, ich bin ein König. Ich bin dazu geboren und in
die Welt gekommen, dass ich für die Wahrheit Zeugnis
ablege. Jeder, der aus der Wahrheit ist, hört auf meine
Stimme. Pilatus sagte, was ist Wahrheit? (Joh18,33-38)

Obwohl wir bei Johannes immer berücksichtigen müssen,
dass er uns Jesus in seiner Hoheit und Göttlichkeit zeigen
will, hört sich das Gespräch zwischen ihm und Pilatus doch
ziemlich realistisch an. Schon der Beginn des „Verhörs" in
dem Jesus klarstellen will, ob ihn Pilatus wirklich als König
sieht, oder nur andere Meinungen wiedergibt, spüren wir,
wie Jesus den Prokurator herausfordert.

Darauf reagiert Pilatus gereizt und gibt ihm zu verstehen,
dass er kein Jude sei und Jesus von seinen eigenen Leuten
ausgeliefert wurde. Pilatus distanziert sich dadurch von
persönlichen Ressentiments ihm gegenüber und schafft
eine Basis, die es Jesus ermöglicht, ihm seine Situation zu
erklären.

Pilatus hört ihm zu und zieht seine Schlüsse, unter anderem
mit der weltumspannenden Frage:

Was ist Wahrheit?

Nachdem er das gesagt hatte, ging er wieder zu den Ju-
den hinaus und sagte zu ihnen: Ich finde keinen Grund,
ihn zu verurteilen. Ihr seid gewohnt, dass ich euch am
Paschafest einen Gefangenen freilasse. Wollt ihr also,
dass ich euch den König der Juden freilasse? Da schreien
sie wieder: Nicht diesen, sondern Barabbas! Barabbas
aber war ein Straßenräuber. (Joh18,38b-40)

Es ist nicht viel, was uns von dem Gespräch zwischen Pilatus und Jesus überliefert wird. Doch es scheint klar, dass er
den römischen Landpfleger beeindruckt hat. Und das,

obwohl er keine Wunderheilungen oder andere Zeichen von ihm erlebt hat, sondern nur von seiner Persönlichkeit „berührt" werden konnte. Die Folge davon ist, dass er ihn zu retten versucht.

Nur so ist es zu verstehen, dass er in völliger Verkennung des wahren Zusammenhangs den Juden anbietet, Jesus im Sinne eines Paschageschenkes freizulassen[56]. Vielleicht hoffte er, sie damit zu besänftigen oder umzustimmen. Doch tritt gerade das Gegenteil ein. Noch während der Verhandlung haben die Hohepriester und Ältesten die Menge überredet, die Freilassung des Barabbas zu fordern, Jesus aber hinrichten zu lassen.

Und sie schreien nach Barabbas, einem wirklichen Verbrecher, der wegen Aufruhrs und Mord im Gefängnis sitzt. Dieser ist ihr Mann, nicht Jesus.

Darauf ließ Pilatus Jesus geißeln. Die Soldaten flochten einen Kranz aus Dornen; den setzten sie ihm auf und legten ihm einen purpurroten Mantel um. Sie stellten sich vor ihn hin und sagten: Heil dir, König, der Juden! Und sie schlugen ihm ins Gesicht. Pilatus ging wieder hinaus und sagte zu ihnen: Seht ich bringe ihn zu euch heraus; ihr sollt wissen, dass ich keinen Grund finde, ihn zu verurteilen. Jesus kam heraus; er trug die Dornenkrone und den purpurroten Mantel. Pilatus sagte zu ihnen: Seht, da ist der Mensch! Als die Hohenpriester und ihre Diener ihn sahen, schrien sie: Ans Kreuz mit ihm, ans Kreuz mit ihm! Pilatus sagte zu ihnen: Nehmt ihr ihn und kreuzigt ihn! Denn ich finde keinen Grund, ihn zu verurteilen. Die Juden entgegneten ihm: Wir haben ein Gesetz, und nach dem Gesetz muss er sterben, weil er sich als Sohn Gottes ausgegeben hat. (Joh19,1-7)

---

[56] BEN CHORIN aaO. S 205

Das *Privileg Paschale*, eben jener Freigabe eines Verurteilten zum am Passah-Feste im Rahmen einer Amnestie lässt sich allerdings geschichtlich quellenmäßig nicht bezeugen.

Was sich Pilatus dabei gedacht hat, als er Jesus zur Geißelung freigibt, obwohl er weiß, dass er unschuldig ist? Denkt er an die Feste zu Hause in Rom, wo die blutigen Spiele die Leute besänftigen und ablenken? Will er durch die Geißelung sein Leben retten? Diese Überlegung liegt nahe, wenn er später Jesus vor die aufgebrachte Menge führt, blutig geschlagen, mit einem Fetzen um die Schultern geschlungen und einer Dornenkrone auf dem Kopf.

Sein: *„Ecce, homo!" – „Seht, da ist der Mensch!"* lässt spüren, dass er an ihr Mitleid appelliert. Doch es nützt nichts. Er verkennt die Mentalität und den fanatischen Willen, der hinter dem Wunsch nach Beseitigung, nach Ausmerzung dieses Menschen steht, der wie kein anderer zuvor ihre festgefügte elitäre Vorstellung von ihrem Leben in Frage stellt. Von ihrem fanatischen Eifer eingeschüchtert, geht Pilatus wieder zurück ins Prätorium und beginnt mit Jesus zu reden. Er fragt ihn, woher er stammt, aber Jesus gibt ihm keine Antwort. Da fährt Pilatus auf und sagt:

Du sprichst nicht mit mir? Weißt du nicht, dass ich Macht habe dich freizulassen, und Macht dich zu kreuzigen? Jesus antwortete: Du hättest keine Macht über mich, wenn es dir nicht von oben gegeben wäre; darum liegt größere Schuld bei dem, der mich dir ausgeliefert hat. Daraufhin wollte Pilatus ihn freilassen, aber die Juden schrien: Wenn du ihn freilässt, bist du kein Freund des Kaisers; jeder, der sich als König ausgibt, lehnt sich gegen den Kaiser auf. Auf diese Worte hin ließ Pilatus Jesus herausführen, und er setzte sich auf den Richterstuhl an dem Platz, der Lithostrotos, auf Hebräisch Gabbata, heißt. Es war am Rüsttag des Paschafestes, ungefähr um die sechste Stunde. Pilatus sagte zu den Juden: Da ist euer König! Sie aber schrien: Weg mit ihm, kreuzige ihn! Pilatus sagte zu ihnen: Euren König soll ich kreuzigen? Die Hohenpriester antworteten: Wir haben keinen anderen König außer dem Kaiser. Da lieferte er ihnen Jesus aus, damit er gekreuzigt würde. (Joh 19,10b-16a)

Die Position des Pilatus ist während dieser ganzen Auseinandersetzung ungeheuer schwierig. Auf der einen Seite spürt er den Druck, der auf ihn ausgeübt wird, auf der anderen Seite ist er überzeugt, dass er einen Unschuldigen preisgibt. Er ist nicht so verroht, dass er das ohne Skrupel tun kann. Er ist dem Willen der Hohepriester ausgeliefert und Jesus ihm. Es scheint fast, dass er in seinem inneren Zwiespalt von Jesus erwartet, dass dieser ihm irgendwie aus der Situation heraushilft. Nur so ist es zu erklären, dass er ihn fragt, woher er stammt. Was soll diese Frage? Will er Zeit gewinnen? Ein freundschaftliches Gespräch anfangen?

Als Jesus dieses Ansinnen verweigert, fährt er auf und schleudert ihm seine Machtposition entgegen. Doch Jesus pariert den Angriff und gibt ihm zu verstehen, dass ihm seine Macht nur geliehen ist, womit er ihn gleichzeitig auch von der Letztverantwortung über sein Schicksal befreit. Damit hat Jesus Pilatus tatsächlich geholfen, indem er den Sachverhalt zumindest klärte, worauf dieser im Gegenzug wieder versucht, ihm das Leben zu retten. Doch draußen, vor der Menge, hält er dem Druck nicht stand. Als sie ihm damit kommen, dass er sich mit seinem Verhalten dem Kaiser widersetze, wird er langsam mürbe. Obwohl er auf dem Richterstuhl Platz nimmt, um sich damit in die Aura seines Amtes einzuhüllen, schafft er es nicht sich durchzusetzen. Zudem scheint er nicht zu merken, dass er gerade durch die Betonung der Königswürde Jesu Öl ins Feuer gießt.

Wenn man das ganze Geschehen aus der Distanz betrachtet, erscheint der ganze Prozess absurd. Wo bleiben Gerechtigkeit und Recht? Wo ein ordnungsgemäßes Verfahren? Wo Zeugenaussagen und Verteidigung?[57]

Im Grunde handelt es sich um offene Erpressung, die von der Priesterschaft und einer schreienden Menge dem römischen Landpfleger zugemutet wird – und er geht darauf ein, ohne zu bedenken, dass ein Trupp seiner Soldaten genügen

---

[57] Vgl. BENDA Richard: *Geschichte der Fahndung* S 32

würde, um das Ganze zu einem schnellen Ende zu bringen. Doch die Eigendynamik des ganzen Geschehens lässt diese einfache Lösung offenbar nicht mehr zu.

Kreuzigung und Tod

Die Würfel sind gefallen. Jesus ist auf dem Weg nach Golgotha. Mehr als hundert Geißelschläge haben ihn so geschwächt, dass man fürchten muss, er werde unterwegs zusammenbrechen.

Daher ergriffen sie einen Mann aus Zyrene, namens Simon, der gerade vom Feld kam. Ihm luden sie das Kreuz auf, damit er es hinter Jesus hertrage. Es folgte eine große Menschenmenge, darunter auch Frauen, die um ihn klagten und weinten. Jesus wandte sich zu ihnen um und sagte: Ihr Frauen von Jerusalem, weint nicht über mich; weint über euch und eure Kinder! Denn es kommen Tage, da wird man sagen: Wohl den Frauen, die unfruchtbar sind, die nicht geboren und nicht gestillt haben.

Dann wird man zu den Bergen sagen: Fallt auf uns! und zu den Hügeln: Deckt uns zu![58] Denn wenn das am grünen Holz geschieht, was wird am dürren geschehen? (Lk 23,26-31)

Ein Bauer, der vom Feld kommt und gezwungenermaßen sein Kreuz trägt, und Frauen aus Jerusalem, die Mitleid mit ihm haben, sind die einzigen positiven Gestalten auf seinem Kreuzweg.

Vielleicht erinnern wir uns in diesem Zusammenhang auch an Veronika, die, wie die Legende berichtet, Jesus ein Tuch reicht, damit er sich wenigstens sein Gesicht abwischen kann. Doch davon steht nichts im Evangelium. Auch nicht, dass er auf seinem Kreuzweg seiner Mutter begegnet, was allerdings sehr wahrscheinlich ist.

Ziemlich lapidar und fast in modernem journalistischem Stil berichten uns die Evangelisten von den Ereignissen der letzten Stunden Jesu. Er wird uns als Leidender gleichsam

---

[58] Hos 10, 8b

entrückt und nur durch Spiegelungen, in dem was er sagt, wieder herangeholt.

So wendet er sich den weinenden Frauen nicht Trost suchend zu, sondern in mitfühlender, väterlicher Weise, indem er ihnen ihr zukünftiges Schicksal voraussagt, was für sie ein persönlicher Grund wäre, um darüber zu weinen. Die kommenden leidvollen Ereignisse werden mit seinem Tod in Zusammenhang stehen. Das fühlt man hinter seinen Worten. Die Interpretation dieses Geschehens gehört aber ganz eindeutig in den Bereich der Theologie.

Wir kehren zurück zum Text und geben Lukas das Wort:

Zusammen mit Jesus wurden auch zwei Verbrecher zur Hinrichtung geführt. Sie kamen zur Schädelhöhe; dort kreuzigten sie ihn und die Verbrecher, den einen rechts von ihm und den andern links. Jesus aber betete: Vater, vergib ihnen, denn sie wissen nicht, was sie tun. Dann warfen sie das Los und verteilten seine Kleider unter sich[59]. Die Leute standen dabei und schauten zu; auch die führenden Männer des Volkes verlachten ihn und sagten: anderen hat er geholfen, nun soll er sich selber helfen, wenn er der erwählte Messias Gottes ist. Auch die Soldaten verspotteten ihn; sie traten vor ihn hin, reichten ihm Essig und sagten: Wenn du der König der Juden bist, dann hilf dir selbst! Über ihm war eine Tafel angebracht; auf ihr stand: Das ist der König der Juden. Einer der Verbrecher, die neben ihm hingen, verhöhnte ihn: Bist du denn nicht der Messias? Dann hilf dir selbst und uns! Der andere aber wies ihn zurecht und sagte: Nicht einmal du fürchtest Gott? Dich hat doch das gleiche Urteil getroffen. Uns geschieht recht, wir erhalten den Lohn für unsere Taten; dieser aber hat nichts Unrechtes getan. Dann sagte er: Jesus, denke an mich, wenn du in dein Reich kommst. Jesus antwortete ihm: Amen, ich sage dir: Heute noch wirst du mit mir im Paradies sein. (Lk23,26-43)

---

[59] Ps 22,19

Lukas überliefert uns in sehr anschaulicher Weise die Szene um den gekreuzigten Jesus. Die Soldaten versehen ihr Handwerk und nageln ihn und zwei weitere Verurteilte ans hölzerne Kreuz. Dann losen sie um seine Kleider und verteilen sie, wie es der Brauch ist: als letzten symbolischen Akt, der den Verurteilten von der menschlichen Gemeinschaft unwiderruflich trennt. Angesichts seines beschlossenen Todes wird der Stoff, der noch auf dem Kreuzweg seine menschliche Würde sicherte, unwichtig.

Die absolute Gewissheit des Sterben-Müssens hat niemand so eindringlich beschrieben wie Dostojewski, der sein eigenes Todesurteil erlebt und überlebt hat.

Hier ist ein Urteilsspruch, und die ganze schreckliche Qual besteht in dem Bewusstsein, dass man mit Sicherheit dem Tode nicht entgehen kann und eine schlimmere Qual als diese gibt es auf der Welt nicht. Man führe einen Soldaten in der Schlacht einer Kanone gerade gegenüber und stelle ihn dorthin und schieße auf ihn; er wird immer noch hoffen; aber man lese demselben Soldaten das Urteil vor, dass ihn mit SICHERHEIT dem Tode weiht, und er wird den Verstand verlieren oder zu weinen anfangen.[60]

Weil er dem Opfer noch die Illusion der Rettung lässt, so sagt Fjodor Dostojewski, der bereits vor der Soldateska und ihren angeschlagenen Gewehren gestanden ist, ist kein Mord mit dem gerichtlich beschlossenen Töten eines Menschen zu vergleichen. Für Dostojewski ist das Wissen um den genauen Zeitpunkt des eigenen Todes, die eigentliche Folter, die mit keinem Schmerz und keinem körperlichen Leiden verglichen werden kann.

Jesus hängt am Kreuz, aufgespannt zwischen Himmel und Erde, wie er es vorausgesagt hat. Jeder Atemzug fügt ihm furchtbare Schmerzen zu.

---

[60] DOSTOJEWSKI Fjodor M.: *Der Idiot,* S. 89

Doch wendet er sich noch in diesen Stunden der über-
menschlichen Qual immer wieder den Menschen zu, so als
wollte er bis zur letzten Minute seines Lebens den Auftrag
seines Vaters erfüllen. Und er erfüllt ihn!

Noch am Kreuz gelingt es ihm, den rechten Verbrecher so
zu faszinieren, dass dieser „begreift", wer ER ist und ihn um
Barmherzigkeit anfleht. Diese Bekehrung mag Jesus ein
wenig getröstet haben in der Atmosphäre von Feindselig-
keit, die ihn von allen Seiten umgibt.

Für die Knechte, die ihr Handwerk an ihm verrichten, bittet
er den Vater um Verzeihung, weil sie für ihre Arbeit nicht
verantwortlich gemacht werden können.

Die Verhöhnung und die Grausamkeit der Anderen muss er
ertragen. Ertragen, wie wir, wenn wir in persönlichem Leiden nicht nur ungetröstet bleiben, sondern kaltem Unverständnis und Belehrungen ausgesetzt sind.

Aus dem Bericht von Markus und Matthäus lässt sich ablesen, dass er ein aus Myrrhe bzw. Galle und Wein hergestell-
tes Betäubungsmittel verweigert.

Jesus wird demnach bei vollem Bewusstsein angenagelt.
Gefesselt an den Balken wird die Hand zusätzlich niederge-
drückt, damit sie unter dem niederfallenden Hammer nicht
wegleitet. Der ganze Körper krümmt sich unter den Schmerzen, doch die erlösende Ohnmacht kommt nicht. Noch ist der
zweite Nagel zu setzen und dann der dritte, der die Beine
fixieren wird.

Schon allein die Vorstellung davon lässt uns erschauern
oder doch nicht?

Gewiss ist es furchtbar für ihn, so zu sterben, könnte man
sagen, und es ist ein unfairer Prozess, der ihn zu diesem
Sterben verurteilt.

Doch was hat das Ganze mit mir zu tun? Ich war damals
gewiss nicht dabei. Stimmt das wirklich? Waren wir damals
wirklich nicht dabei? Damals, als IHM, dem Schuldlosen,
Geißelhiebe auf dem Rücken brannten, die Dornen der

Verspottung seine Haut aufrissen und Nägel sich in seine Gelenke fraßen? Trifft uns wirklich keine Verantwortung für dieses furchtbare Sterben?

Sind Erlösung, Befreiung, Sühne und Opfer zu sinnlosen Begriffen geworden, weil wir in Anbetracht unserer Tadellosigkeit das alles nicht brauchen?

Und dennoch! Auch wenn wir es nicht wahrhaben wollen, ist damals alles anders geworden. Damals auf Golgotha, wo das Mensch gewordene WORT zwischen Himmel und Erde aufgehängt seinem einsamen qualvollen Sterben ausgeliefert ist:

Jetzt wird Gericht gehalten über diese Welt; jetzt wird der Herrscher dieser Welt hinausgeworfen werden. Und ich, wenn ich über der Erde erhöht bin, werde ich alle zu mir ziehen! (Joh12,31;32)

Im Augenblick seines Sterbens wird den zerstörerischen Mächten der Boden entzogen. Ihr Wunsch nach der endgültigen Übernahme der Weltherrschaft wird zur reinen Illusion.

Der freiwillige Opfertod von Jesus, dem menschgewordenen Gottessohn, heiligt alle Menschen aller Zeiten, sodass die Mächte der Zerstörung den Menschen nicht vollständig in ihren Bann ziehen können, auch wenn sie alles dransetzen es zu tun. Dem menschlichen Verstand bleibt dieses Ereignis allerdings unzugänglich. Die Paradoxie, dass gerade das gewaltsame Ende der irdischen Existenz Jesu, das den zerstörerischen Mächten geschuldet ist, die Macht der destruktiven Gewalten aushebelt, diese Wahrheit ist kaum zu fassen. Und doch ist es so, auch wenn der vernunftorientierte Gegenwartsmensch mit dieser Wahrheit nichts anfangen kann oder will.

Bei dem Kreuz standen Maria, seine Mutter[61], und die Schwester seiner Mutter, Maria, die Frau des Klopas, und Maria von Magdala. Als Jesus Maria, seine Mutter, sah und bei ihr, den Jünger, den er liebte, sagte er zu seiner Mutter: Frau, siehe, dein Sohn! Dann sagte er zu dem Jünger: Siehe, deine Mutter! Und von jener Stunde nahm sie der Jünger zu sich. (Joh18,25-27)

Eingehüllt in ihren Schmerz und Jammer vernimmt sie die Stimme ihres Sohnes aus der Höhe des Kreuzes, der ihr irdisches Leben seinem geliebten Jünger Johannes anvertraut. Er, der als Einziger bei ihm ausgeharrt hat, obwohl es ihm das Herz zerreißt, wird in Zukunft ihr Sohn sein, der sie beschützt und im Alter für sie sorgen wird.

Was der greise Simeon vor mehr als dreißig Jahren vorausgesagt hat, nun ist es Wirklichkeit geworden:

Dieser ist dazu bestimmt, dass in Israel viele durch ihn zu Fall kommen und viele aufgerichtet werden, und er wird ein Zeichen sein, dem widersprochen wird. Dir selbst aber wird ein Schwert durch die Seele dringen. (Lk2,34;35)

In den Texten, die uns über die letzten Worte Jesu berichten, finden sich merkliche Unterschiede. So lesen wir bei Johannes:

Danach, als Jesus wusste, dass alles vollbracht war, sagte er, damit sich die Schrift erfüllte: Mich dürstet. Ein Gefäß mit Essig stand da. Sie steckten einen Schwamm mit Essig auf einen Ysopzweig und hielten ihn an seinen Mund: als Jesus von dem Essig genommen hatte, sprach er: Es ist vollbracht! Und er neigte das Haupt und gab den Geist auf. (Joh18,28-30)

---

[61] Über das Familienleben Jesu gibt es in den Evangelien so gut wie keine Hinweise, es sei denn, dass er sich von der Großfamilie und ihren Ansprüchen klar distanziert. Während die Chronisten der synoptischen Evangelien Maria, die Mutter, aus dem Erwachsenenleben von Jesus ausblenden, tritt sie im Johannesevangelium für kurze Augenblicke ins Licht seines öffentlichen Wirkens: einmal bei der Hochzeit zu Kanaan und unterm Kreuz im Anblick seines qualvollen Sterbens. Mt 12,46-50; Mk 3,31-35; Lk 8,19-21.

Matthäus und Markus berichten fast gleich lautend:

Von der sechsten bis zur neunten Stunde herrschte Finsternis im ganzen Land. Um die neunte Stunde rief Jesus laut: *Eli, Eli, lema sabachtani?* das heißt: *Mein Gott, mein Gott, warum hast du mich verlassen?*[62]

Einige von denen, die dabeistanden und es hörten, sagten: Er ruft nach Elija. Sogleich lief einer von ihnen hin, tauchte einen Schwamm in Essig, steckte ihn auf einen Ysopzweig und gab Jesus zu trinken. Die anderen aber sagten: Lass doch, wir wollen sehen, ob Elija kommt und ihm hilft. Jesus aber schrie noch einmal laut auf. Dann hauchte er den Geist aus. (Mt 27, 45-50)

Nur Matthäus und Markus gewähren uns einen Einblick in den seelischen Zustand des Heilands kurz bevor er stirbt. Jesus leidet, seine Schmerzen nehmen immer mehr zu und die Selbstbeherrschung wird immer brüchiger. Er ist ein Mensch, voll und ganz, wie er aufschreit in seiner bittersten Verlassenheit, verlassen von den Menschen, scheinbar verlassen von Gott.

In welche Dunkelheit wird Jesus in diesen Augenblicken versenkt!

Sein *Mein Gott, mein Gott, warum hast du mich verlassen!* verankert Jesus für immer unter uns als unseren Bruder. Er, der Mensch gewordene Gottessohn, schreit zum Himmel, aber der Himmel ist verschlossen. Doch Jesus stirbt nicht in seiner Verzweiflung. Er durchschreitet den Abgrund seiner persönlichen Verlassenheit und findet heim zu seinem Vater. Dazu lesen wir bei Lukas:

Es war um die sechste Stunde, als eine Finsternis über das Land hereinbrach. Sie dauerte bis zur neunten Stunde. Die Sonne verdunkelte sich. Der Vorhang im Tempel riss mitten entzwei, und Jesus rief laut: Vater, in

---

[62] Ps 22,2

122

deine Hände lege ich meinen Geist[63]. Nach diesen Worten hauchte er seinen Geist aus. (Lk23,44-46)

Ereignisse von tiefem symbolischem Charakter begleiten das Sterben Jesu: Die Sonne verdunkelt sich, die Erde bebt. Der Vorhang im Tempel zerreißt! Das Innerste des Heiligtums wird bloßgelegt und jedem Auge sichtbar enthüllt sich auf Golgotha das Geheimnis Gottes:

GOTT IST DIE LIEBE.

Jesus hat den Kelch ausgetrunken, den IHM der Vater gereicht hat. ER hat seinen Auftrag erfüllt in absolutem Gehorsam gegenüber dem Willen seines Vaters, der die Welt so liebt, dass er SEINEN EINZIGEN SOHN hingibt für die Menschen, um sie aus Sünde, Verwirrung, Angst und einem sinnlosen Leben herauszuholen.

Jesus ist tot. Nun ist er nicht mehr Wirkender, sondern nur noch Hülle, die den Lebenden anvertraut ist.

Josef von Arimathäa war ein Jünger Jesu, aber aus Furcht vor den Juden nur heimlich. Er bat Pilatus, den Leichnam Jesu abnehmen zu dürfen, und Pilatus erlaubte es. Also kam er und nahm den Leichnam ab. Es kam auch Nikodemus, der früher einmal Jesus bei Nacht aufgesucht hatte. Er brachte eine Mischung aus Myrrhe und Aloe, etwa hundert Pfund. Sie nahmen den Leichnam Jesu und umwickelten ihn mit Leinenbinden, zusammen mit den wohlriechenden Salben, wie es beim jüdischen Begräbnis Sitte ist. An dem Ort, wo man ihn gekreuzigt hatte, war ein Garten, und in dem Garten war ein neues Grab, in dem noch niemand bestattet worden war. Wegen des Rüsttages der Juden und weil das Grab in der Nähe lag, setzten sie Jesus dort bei. (Joh19,36-42)

Ähnliche Abschlussberichte finden sich bei den drei anderen Evangelisten. Dort findet sich auch noch der Hinweis, dass einige Frauen beim Begräbnis von Jesus dabei sind.

---

[63] Ps 31,6

Vielleicht fragen wir uns, wo der Bericht zu finden ist, dass man den Leichnam Jesu in den Schoß Mariens, seiner Mutter, gelegt hat? Er fehlt in den Evangelientexten, sowie auch Veronika mit ihrem Schweißtuch fehlt. Und dennoch finden sich Abbildungen dieser Ereignisse fast in jeder Kirche, als Kreuzwegstation! Was bedeutet das? Ist es jetzt geschehen oder nicht?

Spätestens vor der Pietà[64] des Michelangelo in der Peterskirche hört man auf danach zu fragen. Angesichts der faszinierenden Schönheit und des unergründlichen Geheimnisses im Gesicht der Schmerzensmutter wird die Frage nach der Geschichtlichkeit des Ereignisses unwesentlich. So wie sich die Frage erübrigt, ob Maria dem Auferstandenen begegnet ist oder zu Pfingsten bei den Aposteln dabei war. Maria, die Mutter, führte ein verborgenes Leben; ein Leben, das so sehr mit dem ihres Sohnes zusammenfloss, dass jede besondere Erwähnung überflüssig scheint.

---

[64] *Pietà* (ital: *Frömmigkeit, Mitleid*; auch: *Vesperbild*) ist in der bildenden Kunst die Darstellung Marias als Mater Dolorosa (Leidensmutter) mit dem Leichnam des vom Kreuz abgenommenen Jesus Christus. Das Motiv ist in der Bildhauerkunst seit dem frühen 14. Jahrhundert gebräuchlich. Ihr Ursprung ist in der verstärkten Hinwendung zum erlösenden Leiden Christi am Kreuz und der *compassio* (Mitleid) seiner Mutter zu sehen. Die Pietà zählt zu den bedeutendsten Bildfindungen des Mittelalters.

AUFERSTEHUNGSBERICHTE

Jesus ruht im Grab. Damit ist sein irdisches Leben zu Ende, und wir sind eigentlich am Ende unserer Spurensuche.

Der Auferstandene ist Thema des Glaubens. Zu groß und zu gewaltig ist das Ereignis, dass uns nunmehr von Jesus trennt.

Und dennoch lassen sich auch in den Berichten über die Auferstehung Konturen des gütigen und verständnisvollen Meisters nachzeichnen. Denken wir nur an die Geschichte mit dem ungläubigen Thomas, die jeder kennt.

Thomas, genannt Didymus, einer der Zwölf, war nicht bei ihnen, als Jesus kam. Die anderen Jünger sagten zu ihm: Wir haben den Herrn gesehen. Er entgegnete ihnen: Wenn ich nicht die Male der Nägel an seinen Händen sehe und wenn ich meinen Finger nicht in die Male der Nägel und meine Hand nicht in seine Seite lege, glaube ich nicht. Acht Tage darauf waren seine Jünger wieder versammelt, und Thomas war dabei. Die Türen waren verschlossen. Da kam Jesus, trat in ihre Mitte und sagte: Friede sei mit euch! Dann sagte er zu Thomas: Streck deinen Finger aus – hier sind meine Hände! Streck deine Hand aus und leg sie in meine Seite, und sei nicht ungläubig, sondern gläubig! Thomas antwortete ihm: Mein Herr und mein Gott! Jesus sagte zu ihm: Weil du mich gesehen hast, glaubst du. Selig sind die, die nicht sehen und doch glauben! (Joh 20,24-29)

Bei Lukas findet sich ein ähnlicher Bericht. Die Emmausjünger sind zurückgekehrt und berichten von ihren Erlebnissen:

Während sie noch darüber redeten, trat er selbst in ihre Mitte und sagte zu ihnen: Friede sei mit euch! Sie erschraken und hatten große Angst, denn sie meinten einen Geist zu sehen. Da sagte er zu ihnen: Was seid ihr so bestürzt? Warum lasst ihr in eurem Herzen solche Zweifel aufkommen? Seht, ich bin es selbst. Fasst mich doch an und begreift: kein Geist hat Fleisch und Knochen, wie ihr es bei mir seht. Bei diesen Worten zeigte er ihnen seine Hände und Füße. Sie staunten, konnten es aber vor Freude immer noch nicht glauben. Da sagte er zu ihnen: Habt ihr etwas zu essen hier? Sie gaben ihm ein Stück gebratenen Fisch; er nahm es und aß es vor ihren Augen. (Lk24,13-50)

Lukas beschreibt lebendig und anschaulich Szenen der ersten Begegnungen mit dem Auferstandenen. Man sieht sie fast vor sich, die aufgeregte Gruppe von Männern, die sich diskutierend um den Kleopas[65] und seinen Begleiter drängen. Zuviel ist passiert in den letzten Stunden. Noch ist alles zu frisch: der Tod Jesu, das furchtbare Geschehen um sein Sterben, und jetzt die Gerüchte um seine Auferstehung, das alles verwirrt sie und entzieht ihnen noch mehr den Boden unter den Füßen, als es schon bisher der Fall war.

Mit wie viel Zartgefühl und Verständnis versucht hier Jesus die Jünger aus ihrer Verwirrung herauszuführen. Eigentlich erübrigt sich jede Erklärung, weil der Text die ganze Situation klar umreißt. Er tut einfach, was er kann, um sie davon zu überzeugen, dass es er selbst ist, der jetzt vor ihnen steht und nicht eine Gestalt ihrer Phantasie. Im darauffolgenden Text versucht er ihnen die großen Zusammenhänge zu erklären, die seinem Sterben und seiner Auferstehung zugrunde liegen. Schließlich führt er sie hinaus in die Nähe von Bethanien, wo er sie ein letztes Mal segnet und ihre Blicke nach oben wendet, wohin er schließlich entschwindet.

Dann kehrten sie in großer Freude nach Jerusalem zurück. Und sie waren immer im Tempel und priesen Gott. (Lk24,52)

Das Hauptgewicht in den lukanischen Auferstehungsberichten liegt im Erkennen, im Begreifen, dass Jesus tatsächlich lebt, obwohl er gestorben ist.

---

[65] Name eines der Emmausjünger, die Jesus als Auferstandenem begegneten.

126

Angepasst an ihr menschliches Verständnis versucht Jesus die Jünger durch Handlungen und Worte zu überzeugen. Dass es ihm schließlich gelingt, zeigt sich aus ihrer Reaktion: warum sollten sie immer im Tempel sein und Gott preisen, wenn nicht aus Dankbarkeit und Freude über das unglaubliche Ereignis, das sie miterleben durften.

Johannes überliefert uns noch andere Begegnungen mit dem Auferstandenen, die seine Handschrift tragen. So erscheint Jesus am Abend des Ostersonntags seinen Jüngern und reißt sie aus ihrer Lethargie.

Aufgewühlt von den traurigen Ereignissen der letzten Tage, in die sich die bitteren Gefühle von Enttäuschung und Mutlosigkeit mischen, flüchten sie in den Abendmahlsaal, um sich gegen eine feindliche Außenwelt abzuschotten. Dazu kommt, dass mit Ausnahme des Johannes, keiner den Mut gefunden hat, Jesus in irgendeiner Weise beizustehen. In der Stunde der Prüfung sind sie alle mutlos geworden und geflüchtet. Einer von ihnen hat dabei die Hand mit im Spiel, ein anderer, der in früheren Zeiten als Fels bezeichnet wurde, verleugnet Jesus dreimal, als es für ihn gefährlich zu werden droht. Eine unglaublich traurige Bilanz, wenn man das Ganze betrachtet.

Ob die Jünger ihr Versagen einander eingestehen?

Ob Petrus den anderen von seiner Schande berichtet?

Wir wissen es nicht. Aber sie leiden sicher unter ihrer Schwäche.

In diese Stimmung hinein erscheint Jesus plötzlich unter ihnen. Er ist da, und alle werden aus ihrem dumpfen Dahinbrüten gerissen. Sein *„Friede sei mit euch!"* verspricht ihnen genau das, was sie im Moment am dringendsten brauchen: Frieden für ihre aufgewühlten Seelen.

Und wieder erweist Jesus seine erzieherische Meisterschaft:

Er macht ihnen keine Vorwürfe, sondern zeigt ihnen nur wortlos seine Wunden. Seine Wunden, die sie am Karfreitag nicht sehen wollten, die jetzt verklärt, aber sichtbar geblieben sind.

Die Erschütterung, die sie nun durchzumachen haben in der Freude des Wiedersehens und im Schmerz ihrer Schuldgefühle, liegt uns schon näher. Doch Jesus fängt die Verwirrung ihrer Herzen mit seinem neuerlichen, „*Der Friede sei mit euch!*" ab.

Doch gilt dieser Friedensgruß ihnen nicht nur als Person, sondern umfängt schon ihren Auftrag, der seinem eigenen ähnlich ist.

Sein „*Wie mich der Vater gesandt hat, so sende ich euch!* spricht eine deutliche Sprache. Den irdischen Verlauf seiner Sendung kennen sie, und sie spüren, dass dieser Weg nicht unbedingt zu Macht und Ansehen führen wird, sondern eher zum Gegenteil.

Doch Jesus vertraut ihnen. Nachdem sie so schmerzlich darüber belehrt worden sind, wie leicht man schuldig werden kann, bekommen sie den *Auftrag, in SEINEM NAMEN Sünden zu vergeben.*

Damit verfährt Jesus nach einem psychologischen Grundsatzprinzip: Nur das persönlich Erlebte verschafft uns ein wirkliches Verständnis für die Probleme anderer Menschen, für ihrer Schwierigkeiten, die Fallen, die uns unsere menschliche Natur dabei beschert. Nur das persönlich Erlebte lehrt uns Geduld mit den Schwächen unserer Mitmenschen. Und Geduld erscheint mir als Kardinaltugend im Umgang mit uns selbst und den Menschen, die uns anvertraut sind.

Für diese Überlegungen lassen sich noch zwei weitere Berichte heranziehen.

So lesen wir bei Markus:

Als Jesus am frühen Morgen des ersten Wochentages auferstanden war, erschien er zuerst Maria aus Magdala, aus der er sieben Dämonen ausgetrieben hatte. Sie ging und berichtete es denen, die mit ihm zusammen gewesen waren und die nun klagten und weinten. Als sie hörten, er lebe und sei von ihr gesehen worden, glaubten sie es nicht. Darauf erschien er in einer anderen Gestalt zweien von ihnen, als sie unterwegs waren und aufs Land gehen wollten. Auch sie gingen und berichteten es den anderen, und auch ihnen glaubte man nicht. Später erschien Jesus den Elf, als sie bei Tisch waren; er tadelte ihren Unglauben und ihre Verstocktheit, weil sie denen nicht glaubten, die ihn nach seiner Auferstehung gesehen hatten. Dann sagte er zu ihnen: Geht hinaus in die ganze Welt, und verkündet das Evangelium allen Geschöpfen! Wer glaubt und sich taufen lässt, wird gerettet; wer aber nicht glaubt wird verdammt werden. Und durch die, die zum Glauben gekommen sind, werden folgende Zeichen geschehen: In meinem Namen werden sie Dämonen austreiben; sie werden in neuen Sprachen reden; wenn sie Schlangen anfassen und tödliches Gift trinken, wird es ihnen nicht schaden; und die Kranken, denen sie die Hände auflegen, werden gesund werden. (Mk 16, 9-18)

Wenn wir den theologischen Gehalt dieses komprimierten Berichtes unberührt lassen und unseren Blick auf das zwischenmenschliche Geschehen konzentrieren, dann befinden wir uns in einer sehr bekannten Situation. Eine freudig erregte Frau berichtet von einem unmöglich scheinenden Geschehen. (Nach Markus scheint es ein über die Elf hinausgehender Kreis gewesen zu sein.) Und man glaubt ihr natürlich nicht. Als noch zwei andere Jünger eintreffen und dasselbe berichten, glauben sie noch immer nicht – zu unwahrscheinlich ist das, was von den Dreien berichtet wird. Daraufhin erscheint Jesus den Elf und tadelt ihren Unglauben und ihre Verstocktheit, weil sie denen nicht glaubten, die ihn nach der Auferstehung gesehen hatten.

Ausgehend von ihrem persönlichen Versagen, das in diesem Punkt schlicht als Ignoranz gedeutet werden kann, gibt er ihnen den Auftrag, hinauszugehen in die Welt und das Evangelium allen Geschöpfen zu verkünden. Mit den Erinnerungen an ihre Glaubenszweifel bewaffnet, sollen sie der ganzen Welt von der Befreiung des Menschen aus der Knechtschaft des Todes erzählen, egal ob man ihnen glaubt oder nicht. Und sie nehmen die Herausforderung an, wie der Evangelist berichtet.

Sie aber zogen aus und predigten überall. Der Herr stand ihnen bei und bekräftigte die Verkündigung durch die Zeichen, die er geschehen ließ.

Im Nachtrag des Johannesevangeliums zum Thema Auferstehung findet sich ein Bericht, der Petrus zum Oberhaupt der jungen Gemeinde macht, allerdings wieder in Rückbesinnung auf die Ereignisse in der Nacht vom Gründonnerstag.

Wie eine Klammer mit hoher symbolischer Kraft beginnt die gemeinsame Arbeit Jesu mit seinen Aposteln mit einem reichen Fischfang und endet auch damit.

Jesus fordert sie auf, zu einer völlig unmöglichen Zeit die Netze auszuwerfen, und sie kehren mit reicher Beute zurück. Jesus erwartet sie an einem Kohlefeuer mit gebratenem Fisch und Brot.

Als sie gegessen haben, sagt Jesus zu Simon Petrus: Simon, Sohn des Johannes, liebst du mich mehr als diese? Weide meine Schafe!

Dreimal hat Petrus Jesus verleugnet, und dreimal wird ihm das Bekenntnis seiner Liebe abverlangt. Ein schmerzlicher Prozess für den zukünftigen Führer der Gemeinde. Vor allen anderen Jüngern wird er über seine innersten und heiligsten Gefühle examiniert. Völlig unnötig, könnte man anmerken! Jesus weiß doch, was im Herzen dieses Mannes vorgeht. Doch nein, er muss bekennen! Was dieses Bekenntnis den stolzen jüdischen Mann wohl gekostet hat?

Wie hart und schmerzvoll werden hier schon am Beginn der neutestamentlichen Epoche alle Selbstsicherheit und aller Eigendünkel zu Fall gebracht. Jesus belehrt nicht mehr, er setzt keine Symbolhandlungen, sondern fordert seinen Nachfolger heraus bis hinein in seine seelischen Tiefen.

Doch gilt gleichzeitig für uns die Verheißung:

Kommt alle zu mir, die ihr euch plagt und schwere Lasten zu tragen habt. Ich werde euch Ruhe verschaffen.

Nehmt mein Joch auf euch und lernt von mir, denn ich bin gütig und von Herzen demütig; so werdet ihr Ruhe finden für eure Seele. (Jer 6,16; Jes 28,12) Denn mein Joch drückt nicht, und meine Last ist leicht. (Mt 11,28-30)

Nachwort

Schon viele haben es unternommen, einen Bericht über all das abzufassen, was sich unter uns ereignet und erfüllt hat. Dabei hielten sie sich an die Überlieferung derer, die von Anfang an Augenzeugen und Diener des Wortes waren. (Lk 1,1-2)

Auch ich „habe es unternommen", der Gestalt von JESUS, so wie sie uns in den Schriften des NEUEN TESTAMENTS überliefert wird, vor dem Hintergrund meines Lebens zu begegnen.

Die Klarheit und die Tiefe der Evangelientexte wurden nicht selten zum Prüfstein meiner Arbeit. Doch dann raffte ich mich wieder auf und schrieb weiter, um *meinem Jesus* zu begegnen und seine menschlichen Züge zu erfassen.

Es ist immer UNSER JESUS, der durch die Schriften des Evangeliums mit uns in Beziehung tritt und letztlich unsere scheinbar absurde irdische Wirklichkeit „aufhebt" in den Raum der Begegnung zwischen Gott und den Menschen.

Literaturliste

Die BIBEL, Altes und Neues Testament, Einheitsübersetzung, Herder, Freiburg-Basel-Wien, 1980

BEN CHORIN Schalom: *Bruder Jesus*, München 1967

BENDA Richard: Geschichte der Fahndung. Fälle Ziele Methoden, Wien 2006

DOSTOJEWSKI Fjodor M.: *Der Idiot*, Leipzig, 1971

EYMARD Peter Julian: Jesus ist wahrhaftig da! Fünfzehn kleine Betrachtungen. Dülmen bei Münster 1889

KARST Verena: Die Krise als Chance, in:

ROEKELEIN Hannelore (Hg.): Welträtsel Mensch. Ein psychologisches Lesebuch, München 1995

LOHFINK Gerhard: *Jetzt verstehe ich die Bibel,* Stuttgart 1973

MOELLER L. Michael: Liebe ist das Kind der Freiheit, Berlin 1998

PERL S. Frederik: Das Ich. Der Hunger und die Aggression, Kempten 1978

TALMUD Der Babylonische, Frechen 2000

WATZLAWICK Paul: *Anleitung zum Unglücklichsein*, München 1983

Danksagung

Für die unermüdliche Lektorenarbeit an meinem Buch danke ich Eva Wienker und Peter Nestler, der die Endredaktion und die formale Gestaltung des Textes übernommen hat.

Irene Kohlberger

geb.1946 in Niederösterreich. Studium an der Universität Wien (Psychologie, Kunstgeschichte). 1971 Promotion zum Doktor der Philosophie. Einige Jahre in der Privatwirtschaft als Marktforscherin tätig. Vierjährige Lehranalyse nach der Methode der klassischen Psychoanalyse. Danach Lehrerin in Wien (röm.-kath. Religion/Philosophie) an der Allgemeinbildenden Höheren Schule Wien 22. Studium der Röm. Kath. Theologie an der Universität Wien, 1987 abgeschlossen. Derzeit schriftstellerisch und als ehrenamtliche Mitarbeiterin der Edith Steingesellschaft Österreich tätig.

Intensive Beschäftigung mit Fragen der Religion und der Philosophie führten mich immer wieder zu den Schriften des Neuen Testamentes, worin sich die Einfachheit und die Tiefe der christlichen Religion am klarsten und lebendigsten abbildet. Aus diesem Grund versuche ich immer wieder neue Zugänge zu erarbeiten, die es auch einem modernen Leser ermöglichen, aus dem Evangelium Nahrung und Kraft für sein eigenes religiöses Leben zu schöpfen.

Kontakt: irene.kohlberger@gmx.at